_____ 학교 ____ 학년____반_____ 의 책이에요.

'체험학습'이란 책에서나 수업 시간에 배운 지식을 실제 현장에서 직접 경험해 보는 공부 방법이에요. 단순히 전시된 물건을 관람하거나 공연을 보는 것이 아니라 학습을 하기 전에 미리 필요한 정보를 조사하는 것까지를 포함한 모든 활동을 의미해요. 어떻게 공부할 것인지를 준비하면 그렇지 않은 경우보다 훨씬 더 많은 것을 보고 느끼게 되겠지요. 이 책은 체험학습을 하려는 어린이들에게 좋은 길잡이 역할을 할 거예요.

❶ 가기 전에 읽어 보세요

이 책은 체험학습 현장을 어린이들이 쉽게 이해할 수 있도록 풀이한 안내서예요. 어린이들이 직접 체험학습 현장을 찾아가는 데 필요한 정보가 들어 있어요. 체험학습 현장을 가기 전에 꼼꼼히 읽어 보세요.

❷ 현장에서 비교해 보세요

숲은 여러 생물이 사는 보금자리일 뿐 아니라 우리 생활을 풍요롭게 해 주는 곳이에요. 숲이 만들어지는 원리나 숲에 사는 생물들의 생태를 살펴보면서 숲과 더 친해져 보아요. 자, 숲으로 출발!

❸ 스스로 활동해 보세요

이 시리즈는 단지 지식을 전달하기 위한 교양서가 아니에요. 어린이 여러분이 교과서로 수업 시간에 배운 내용을 실제 현장에서 직접 체험하며 익힐 수 있도록 다양한 활동 내용을 담았지요. 책 중간이나 뒷부분에 이해를 돕기 위한 활동이 있으니 꼭 스스로 정리해 보세요.

❹ 견학 후 활동이 다양해요

체험학습 후에는 반드시 견학 후 여러 가지 활동을 해 보세요. 보고서 쓰기, 신문 만들기, 그림 그리기 등을 통해 체험학습에서 보고 들은 내용을 다시 한번 정리하면 알찬 체험학습이 될 거예요.

신나는 교과 체험학습 67

사계절이 아름다운 우리 자연 숲

초판 1쇄 발행 | 2008. 8. 21.
개정 3판 4쇄 발행 | 2023. 11. 10.

글 **하시연** | **그림** 김재원 구분선

발행처 김영사 | **발행인** 고세규
등록번호 제 406-2003-036호 | **등록일자** 1979. 5. 17.
주소 경기도 파주시 문발로 197(우10881)
전화 마케팅부 031-955-3100 | 편집부 031-955-3113~20 | 팩스 031-955-3111

© 하시연, 2008

값은 표지에 있습니다.
ISBN 978-89-349-8629-4 64000
ISBN 978-89-349-8306-4 (세트)

좋은 독자가 좋은 책을 만듭니다. 김영사는 독자 여러분의 의견에 항상 귀 기울이고 있습니다.
전자우편 book@gimmyoung.com | 홈페이지 www.gimmyoungjr.com

어린이제품 안전특별법에 의한 표시사항
제품명 도서 제조년월일 2023년 11월 10일 제조사명 김영사 주소 10881 경기도 파주시 문발로 197
전화번호 031-955-3100 제조국명 대한민국 ⚠주의 책 모서리에 찍히거나 책장에 베이지 않게 조심하세요.

사계절이 아름다운 우리 자연

숲

글 하시연 그림 김재원 구분선

주니어김영사

차례

숲에 가기 전에

숲은 생물들이 사는 보금자리예요. 숲에 사는 생물들을 괴롭히지 않으려면 있는 그대로 놔두는 것이 중요해요. 돌을 옮기거나 낙엽을 흩어 버리는 것 같은 사소한 행동도 그곳에 사는 생물들에게는 큰 변화로 다가갈 거예요. 숲에 가서는 우리가 보고 싶은 것들을 찾아 조용히 관찰하고 돌아오세요. 그리고 숲에는 우리가 생각지 못한 위험도 많으니 깊은 숲에 혼자 들어가지 않도록 해요.

미리 준비하세요

준비물 1
꼭 필요한 것 《숲》 책, 필기도구, 마실 물, 카메라, 자외선 차단 크림

준비물 2
있으면 좋은 것 각종 도감, 돋보기, 관찰용 채집통, 채집 도구, 쌍안경, 지퍼백

옷차림

숲에 갈 때는 바람이 잘 통하는 긴팔과 긴바지를 입고 가요. 숲에 있는 곤충이나 식물 중에는 우리 피부에 닿으면 아픈 것들도 있으니까요. 그리고 숲길을 안전하게 걷기 위해서는 등산화나 발에 잘 맞는 운동화를 신는 것이 좋아요. 숲길은 대부분 울퉁불퉁해서 발을 다치기가 쉽답니다.

숲에 대해서 더 자세히 알고 싶다면 산림청 사이트를 찾아보세요.
산림청 www.forest.go.kr

숲으로 떠나요

　우리나라는 참 숲이 많은 나라예요. 주위를 조금만 둘러보아도 나지막한 산과 숲이 보일 거예요. 전 국토의 약 64퍼센트가 숲이니까요. 구릉을 따라 여러 종류의 나무와 덤불들이 뒤섞여 있는 우리나라의 숲은 정겨운 곳이랍니다.

　숲은 언뜻 보면 조용한 것 같지만 자세히 살펴보면 언제나 분주해요. 숲에는 많은 생물들이 서로 도우며 살고 있거든요. 숲은 그곳에 살고 있는 생물들의 보금자리 노릇을 할 뿐만 아니라 사람에게도 큰 도움을 줘요. 숲이 있으면 공기도 맑아지고 흙도 보존할 수 있으며 가뭄과 홍수도 막아 주지요. 또 가까운 곳에 쉴 수 있는 숲이 있으면 사람들의 생활이 훨씬 풍요로워진답니다.

　그런데 요즘 들어 점점 숲이 줄어들고 있어요. 이 과정에서 나타나는 여러 가지 현상은 숲이 우리에게 얼마나 많은 도움을 주고 있는지 다시 한 번 생각해 보게 만들지요. '아는 만큼 보인다.'고 했어요. 겉으로 보기에는 온통 초록빛의 식물만 보이는 숲에는 무엇이 있는지 한번 찾으러 떠나 볼까요?

숲이 많아지면 정말 좋을 것 같아!

나는 숲에 사는 나무며 다람쥐가 참 좋아.

한눈에 보는 우리나라 대표 숲

우리나라는 산과 숲이 참 많은 나라예요. 그 산지의 대부분이 강원도를 포함한 동쪽에 있어요. 환경부에서는 우리나라에 있는 20개의 국립 공원을 관리하고 있으며, 산림청에서는 숲을 찾는 사람들을 위해서 자연휴양림과 수목원, 산림욕장을 지정하고 숲을 체험할 수 있도록 도와준답니다. 우리나라의 어디에 대표 숲이 있는지 살펴볼까요?

① 홍릉 수목원

한국 최초의 수목원으로 1922년 홍릉 지역에 임업 시험장을 설립하면서 만들었어요. 1960년대부터 침엽수원, 관목원, 약초원 등으로 넓혔어요.

주소 서울특별시 동대문구 회기로 57
전화 02-961-2777

② 내장산 국립 공원

노령산맥의 내장산과 백암산에 걸쳐 있는 국립 공원으로 총 면적이 81제곱킬로미터에 달해요. 1971년 국립 공원으로 지정되었으며 단풍과 금선폭포 등이 유명하지요.

주소 전북 정읍시 내장호반로 328
전화 063-538-7875

③ 완도 수목원

1991년 개장한 한국 유일의 난대 수목원이에요. 난대 희귀 수목을 관리하고 연구하며 이곳에서는 난대 상록 활엽수인 동백나무, 후박나무 등을 쉽게 찾아볼 수 있지요.

주소 전남 완도군 군외면 초평1길 156
전화 061-552-1544

충청

전라북도

전라남도

❸

제주도

④ 국립 수목원

연구, 관상, 학습용으로 활용하기 위해 각종 식물을 수집하여 만든 학술 보존림 및 시험림이에요. 수목원 안에는 모두 3,500여 종류의 식물이 보존되고 있습니다.

주소 경기도 포천시 소흘읍 광릉수목원로 509
전화 031-540-2000

강원도

⑤

⑤ 설악산 국립 공원

우리나라의 대표적인 국립 공원 중 하나로 면적이 398제곱킬로미터에 달하며 백담사와 천불동계곡 등이 유명하지요. 1982년 유네스코에서 지정한 '생물권 보존지역'이에요.

주소 강원도 속초시 설악산로 833
전화 033-801-0900

충청북도

경상북도

⑥

울릉도

독도

경상남도

⑦

⑥ 청옥산 자연휴양림

수령 100년 이상의 잣나무와 소나무가 빽빽한 청옥산 휴양림은 한국의 휴양림 중 면적이 가장 넓어요. 야생화와 함박나무로 유명해요.

주소 경상북도 봉화군 석포면 청목로 1552-163
전화 054-672-1051

⑦ 남해 편백 자연휴양림

1998년 개장한 자연 휴양림으로 한려해상 국립 공원 안에 있어 경치가 아름다우며 편백나무가 많아 산림욕을 하기에 좋답니다.

주소 경상남도 남해군 삼동면 금암로 658
전화 055-867-7881

숲, 알고 떠나요

숲에는 무엇이 있을까요? 숲은 어떻게 만들어진 걸까요? 그리고 숲이 있어서 좋은 점은 무엇일까요? 숲은 항상 우리 곁에 있고 우리를 도와주는 고마운 존재이지만 숲에 대해 자세히 알아본 적은 별로 없을 거예요. 이제 숲으로 들어가기 전에 함께 숲에 대해서 자세히 알아보아요.

상쾌한 나무 냄새를 맡으니 머리가 맑아지는 것 같아.

아, 숲에 들어오면 기분이 상쾌해져. 이제 숲속으로 들어가 볼까?

숲에서 꼭 지켜 주세요!

❶ 관찰을 할 때에는 눈으로만 하고, 만져야 한다면 반드시 채집 도구를 사용해요.

❷ 숲에 사는 생물을 함부로 잡아 집으로 가져오지 않아요.

❸ 동물들이 놀라서 달아날 수 있으니 숲에서 큰 소리로 떠들거나 플래쉬를 터뜨려 사진을 찍지 않아요.

❹ 숲에 들어갈 때는 성냥이나 라이터 등을 가져가지 말아요.

❺ 사탕이나 초콜릿을 먹으면 냄새 때문에 곤충이나 동물들에게 공격을 당할 수도 있어요.

❻ 쓰레기를 버리지 말고 반드시 가지고 나와요. 쓰레기들은 잘 썩지 않고, 썩는 과정에서 해로운 물질이 나와서 생물들에게 피해를 준답니다.

숲은 어떤 곳일까요?

'숲'은 '수풀'이라는 말이 줄어서 된 우리말로 산, 산림 등으로 부르기도 해요. 원래는 흙이나 바위, 냇물과 같은 무생물에서 자라난 나무나 풀 등의 식물이 모여서 만들어진 환경을 뜻하지요. 그런데 이런 환경은 다른 생물들에게 먹을 것과 살 곳을 마련해 주기 때문에 숲은 식물이 모여서 만들어진 환경과 그곳에 사는 여러 생물들까지 한데 묶어 뜻하는 말이 되었답니다. 자, 그럼 숲에 대해 자세히 알아볼까요?

무생물
세포로 이루어지지 않은 물과 흙 같은 것을 말해요.

생산자
녹색 식물처럼 양분을 만들 수 있는 생물을 생산자라고 말해요.

숲에는 무엇이 있을까?

숲에는 나무와 곤충, 물과 바위가 한데 어우러져 있어요.

모든 생물은 주변의 다른 생물이나 환경과 관계를 맺으면서 살아가지요. 숲도 무생물과 생물이 함께 있는 공간이에요. 숲을 구성하는 생물은 하는 일에 따라 생산자, 소비자, 분해자로 구분되는데 이런 생물들은 서로 먹고 먹히면서 가지고 있는 에너지를 주고받지요.

숲의 구성 요소

숲을 이루는 구성 요소는 크게 무생물 요소와 생물 요소가 있어요. 생물 요소는 역할에 따라 다시 생산자, 소비자, 분해자로 구분되지요. 생산자와 소비자는 서로 먹고 먹히며 그물처럼 얽혀 있고, 건강한 숲에는 복잡한 먹이 그물이 존재한답니다.

도토리
참나무는 동물의 먹이가 되는 도토리를 만드는 생산자예요.

다람쥐
도토리나 밤, 땅콩 같은 생산자를 먹고 사는 1차 소비자예요.

붉은머리오목눈이
새들은 마른 풀과 풀뿌리로 둥지를 만들어 보금자리로 삼습니다.

무생물 요소는 생물이 사는 환경을 만들어 주어요. 숨 쉴 수 있는 공기, 마실 수 있는 물, 식물에게 양분을 주는 흙, 체온을 유지시켜 주는 빛 등이 대표적인 환경 요소이지요.

숲이 건강하려면 생물 요소끼리도, 생물 요소와 환경 요소 간에도 균형이 필요해요. 생물 요소인 생산자와 1차 소비자, 2차 소비자, 3차 소비자 간에 먹고 먹히는 관계로 연결된 것을 먹이 사슬이라고 해요. 이 먹이 사슬끼리 연결된 것을 먹이 그물이라고 하는데, 건강한 숲의 먹이 그물은 오랜 시간에 걸쳐 만들어졌기 때문에 쉽게 깨어지지 않아요. 또, 물과 같은 환경 요소가 늘어나거나 줄어들면 생물의 수도 그에 따라 늘거나 줄지요. 이처럼 아무렇게나 흩어져 있는 것처럼 보이는 숲의 여러 요소들은 나름대로 균형을 잡고 있답니다.

🍒 **소비자**
녹색식물이 만든 양분을 섭취해서 사는 생물을 뜻해요.

🍒 **분해자**
죽은 생물체를 썩게 만드는 버섯이나 곰팡이 같은 것을 말해요.

먹이 그물에서 동물의 위치

먹이 그물에서 한 동물이 무조건 2차 소비자나 3차 소비자인 것은 아니에요. 먹이에 따라 2차 소비자 혹은 3차 소비자가 될 수 있지요. 너구리가 뱀을 먹으면 3차 소비자이지만 곤충을 먹을 땐 2차 소비자이거든요. 그러니까 먹이 그물에서 한 동물이 차지하는 위치는 정해진 것이 아니랍니다.

뱀
곤충이나 작은 동물인 1차 소비자를 먹고 사는 **2차 소비자**예요.

너구리
뱀과 같은 2차 소비자를 먹고 사는 **3차 소비자**예요.

버섯
땅 위의 여러 요소를 분해해서 다시 흙으로 돌아가게 해 주는 **분해자**이지요.

숲은 어떻게 만들어질까요?

숲의 색은 연한 초록에서 짙은 초록으로, 다시 갈색에서 회색으로 계절에 따라 변하지만 숲 자체의 모습은 언뜻 보면 큰 변화가 없어 보여요. 하지만 숲은 여러 가지 변화를 겪고 단계를 밟아 지금의 숲 모양새를 갖추게 된 것이랍니다.

숲에서 살고 있는 식물은 흙이나 빛, 공기의 변화에 따라 자신을 바꾸어 가요. 그러면 그곳에서 살고 있는 생물들도 달라지지요. 이처럼 숲이 변해 가는 과정을 '숲의 천이'라고 해요. 천이란 어떤 곳에 살고 있는 생물들이 시간이 흐르면서 일정한 방향으로 변하는 것을 뜻하지요. 즉, 숲에서 자라는 식물이 일정한 모습으로 바뀌면서 그곳에 터를 잡고 살아가는 생물들도 같이 바뀌는 과정이 바로 천이랍니다.

이런 숲의 천이에는 두 가지 종류가 있어요. 1차 천이는 모래 언덕처럼 식물이 전혀 없는 곳에서 시작되는 천이를 말해요. 2차 천이는 버려둔 농경지나 산림

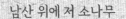

남산 위에 저 소나무

애국가를 불러 보면 '남산 위에 저 소나무'라는 구절이 나와요. 그런데 숲의 자연스러운 성장 과정상 시간이 지나면서 소나무 숲이 참나무 숲으로 바뀌어야 해요. 그러나 애국가의 이 구절 때문에 숲의 자연스러운 변화를 막고 남산에 소나무를 계속 심고 있지요. 이런 인위적인 나무 심기는 숲의 자연적인 변화를 방해한답니다.

남산의 소나무 숲

숲의 천이 과정

숲이 변하는 모습을 숲의 천이 과정이라고 해요. 숲은 천이 과정을 통해서 일정한 방향으로 모습을 바꾸어 나가지요.

1. 농사를 짓지 않는 땅에 작은 풀이나 이끼가 들어와 땅을 푸른빛으로 뒤덮어요.

2. 키 큰 풀이 무성하게 자라면 덤불이 생기고 작은 벌레나 동물들이 살기 좋은 곳이 되지요.

을 벌채한 곳에 생기는 천이를 말하는데, 우리가 흔하게 볼 수 있지요.

삼척산 화재 후 다시 돋아난 숲
화재를 겪은 숲은 타고 남은 영양분을 바탕으로 제 모습을 회복하지요.

산촌의 사람들이 마을을 떠나면 빈 논이나 버려진 밭이 생겨요. 그러면 그곳에 망초나 바랭이 같은 한해살이 풀이 돋아나다가 그 자리를 차츰 쑥이나 토끼풀 같은 여러해살이 풀들이 차지해요. 그러다 싸리나 진달래 같은 관목들이 자라 새들의 보금자리가 마련돼요. 그러다 보면 넓고 환한 곳을 좋아하는 소나무 씨앗이 날아들어 소나무 숲이 들어서고, 나중에는 그늘진 곳에서도 잘 자라는 참나무가 들어와 소나무와 참나무가 섞인 숲이 만들어져요.

이런 자연적인 변화 외에도 숲은 산불, **병해충**, 산사태, 홍수와 같은 자연적 요인이나 **이상기온**, 나무 자르기 등과 같은 인위적 요인 때문에 모습이 바뀌어요. 이렇게 변화하는 숲의 모습을 관찰하기 위해서는 숲 안이 아니라 숲 바깥에서 관찰하는 것이 좋답니다.

산촌
산에 있는 마을을 뜻해요.

병해충
병에 걸리거나 나쁜 벌레에게 해를 입는 것을 말해요.

이상기온
평소와는 달리 기온이 높거나 낮은 것을 말해요.

3. 소나무가 가득 들어선 숲이 되고 새나 작은 짐승들이 모여 살아요.

4. 소나무만 있던 숲에 참나무가 들어오면서 소나무와 참나무가 울창하게 들어찬 숲이 되어요.

숲이 우리에게 주는 혜택

숲이 있으면 어떤 점이 좋을까요? 숲에서 직접 얻을 수 있는 나무나 버섯, 열매 외에도 숲은 우리에게 많은 혜택을 줘요. 이것을 숲이 주는 공익적 가치라고 하지요. 숲이 주는 가치는 엄청나서 돈으로 따지면 66조 원에 이르는데, 이것은 국민 한 사람당 136만 원씩 나눠 주는 것과 같다고 해요.

수목원
나무가 많아서 맑은 공기를 느낄 수 있어요.

맑은 공기를 만들어 주는 숲

숲에서 자라는 나무들은 공기 중의 이산화 탄소를 마시고 신선한 산소를 내뿜어요. 숲이 만들어 내는 산소의 양은 대단히 많아요. 지구상에서 가장 큰 숲의 하나인 아마존 강 유역에 있는 숲은 지구에서 쓰는 산소의 20퍼센트를 만들어 낸다고 해요.

맑은 공기는 어떻게 만들어질까요?

나무의 초록잎에는 초록색의 엽록소가 있어요. 엽록소는 이산화 탄소, 물, 햇빛을 받아 광합성을 하는데 광합성을 하고 나면 산소, 물, 포도당이 만들어지지요. 이때 만들어진 포도당은 다양한 형태로 저장되어 식물이 사용할 수 있는 양분이 되거나 우리가 먹을 수 있는 음식물이 되어요. 산소는 우리가 숨 쉴 때 필요한 공기가 되지요. 그래서 숲속에 들어가면 숨 쉬기가 편해지고 기분이 상쾌해진답니다.

아, 산소를 만들어 주는 나무가 많아서 숲에 오면 상쾌해지는구나!

햇빛   산소   이산화 탄소

엽록소

포도당   물

맑은 물을 저장하는 숲

숲속의 흙은 빗물을 빨아들였다가 서서히 흘려보내 홍수와 가뭄을 막아 주는 댐의 역할을 하지요. 또 나무와 흙은 숲에 내린 비와 눈을 걸러서 물을 맑게 만들어 준답니다.

숲속을 흐르는 냇물
숲은 물을 저장해 두었다가 천천히 흘려보내면서 물을 깨끗하게 만들어 주지요.

토양을 지켜 주는 숲

흙은 여러 생물이 살아갈 수 있는 터전이에요. 숲에 있는 나무뿌리와 풀, 낙엽, 부러진 가지들은 흙이 흘러내리는 것을 막아 주고 산사태가 나는 것을 예방해 주지요.

숲에 사는 두꺼비
숲은 여러 동식물이나 미생물이 사는 생활 공간이에요.

여러 생물들의 집인 숲

숲에는 풀과 나무 외에도 여러 동물들과 곤충, 눈에 잘 보이지 않는 작은 **미생물**들이 살고 있어요. 숲은 이런 생물들의 집이며, 적으로부터 숨을 수 있는 은신처이고, 먹이를 구할 수 있는 최고의 장소랍니다.

🍒 **미생물**
눈으로 볼 수 없는 아주 작은 생물로 세균 등을 뜻해요.

휴식과 놀이 장소인 숲

숲은 우리와 가까운 곳에 있어서 조용히 쉬고 싶을 때 찾아가기가 좋아요. 또 여럿이 함께 캠핑이나 등산을 할 수도 있지요. 숲은 이렇게 우리에게 휴식과 놀이의 장소를 제공하기도 하지요.

여기서 잠깐!

다음 중 숲이 주는 혜택이 아닌 것을 골라 보세요. (   )

① 여러 동물이 살 수 있는 집 역할을 해 주어요.
② 우리가 쉴 수 있는 공간이 되어 주어요.
③ 숲 때문에 길이나 집을 만들 땅이 없어요.
④ 맑은 공기를 만들어 주어요.

☞ 정답은 56쪽에

예쁜 꽃이 피는 봄이 왔어요

　숲에 봄이 온 것을 가장 먼저 알리는 것은 꽃이에요. 예쁜 꽃들이 피기 시작하면 우리는 봄이 왔다는 것을 느끼지요. 꽃은 따뜻한 남쪽 지방에서 피기 시작해 점차 북쪽으로 올라와요. 나무마다 봉긋봉긋 새로 나는 잎들은 연둣빛이어서 마치 꽃처럼 보이기도 해요. 그럼, 우리 만물이 태어나는 봄의 숲으로 들어가 볼까요?

겨울이 지나고 봄이 온 게 정말 좋아. 아름답고 멋지다!

꽃은 예쁘기만 한 게 아니라 향기도 좋아. 나비며 벌들이 잔뜩 모여드는 걸!

봄꽃 축제에 가 볼까요?

✽ 산청 황매산 철쭉제
덕유산 국립 공원 내의 무주구천동은 아름다운
철쭉으로 유명해요. 5월 초가 되면 많은 사람들
이 이를 보기 위해 찾아온답니다.
문의: 063) 322-3174 덕유산 국립 공원

✽ 구례 산수유 꽃축제
구례군에서는 봄에 가장 먼저 피는 꽃인 산수유
꽃을 알리기 위해 산수유꽃 축제를 열어요. 3월
에 열리는 이 축제에는 다양한 체험 행사도 있
어요.
문의: 061) 782-2014 구례군청

✽ 한강 봄꽃 축제
영등포구청에서 하는 행사로 여의도 윤중로에
있는 1,600여 그루의 벚나무가 4월 중순쯤에 피
어 아름다운 벚꽃길을 만들어요.
문의: 02) 2670-3143 영등포구청 문화체육과

숲에 봄이 왔어요

봄이 되면 기온이 조금씩 높아져요. 추위가 가시면 숲속 생물들은 슬슬 활동을 시작하지요. 그러나 우리나라에는 꽃샘추위라는 것이 있어서 봄이 온 것처럼 따뜻해졌다가 다시 추위가 몰려오는 일이 잦아요. 그래서 기껏 핀 꽃이 다시 얼어 버리기도 해요. 중국에서 불어오는 황사 바람도 매년 봄마다 겪어야 하는 일이에요.

봄에는 숲의 흙이 달라져요. 건조하고 얼었던 땅은 봄비가 내리면 촉촉하고 따뜻해져서 식물들이 양분을 흡수하기에 알맞은 상태가 되지요.

봄이 되면 산수유꽃이 가장 먼저 피어봄소식을 알려요. 또 겨우내 단단한 껍질이나 털로 둘러싸여 있던 겨울눈에서 잎과 꽃이 나

🍒 황사 바람
중국 대륙에서 날아오는 모래 먼지가 섞인 바람을 말해요.

활짝 피어난 산수유꽃
이른 봄. 잎이 돋기 전에 꽃을 피우는 산수유는 봄소식을 알려 주지요.

봄이 되면 볼 수 있는 숲의 모습

봄을 맞은 숲의 모습은 싱싱하고 활기차요. 나무는 새순을 내고 여러 곤충이며 동물들은 기지개를 켜지요. 봄을 맞은 숲의 모습을 함께 살펴보아요.

멧노랑나비
작년 여름 어른 벌레가 된 멧노랑나비는 안전한 곳에서 겨울잠을 자다가 날씨가 따뜻해지면 모습을 드러내기 시작해요.

개구리
바위 틈이나 땅속에서 겨울잠을 자던 개구리들은 바깥 기온이 올라가면 겨울잠에서 깨어나는데, 이날을 '경칩'이라고 해요.

오기 시작해요. 앙상하게 말라 있던 나무줄기도 땅 속의 물과 영양분을 끌어올려 촉촉해지고요. 사람들은 고로쇠나무에서 수액을 뽑아서 마시거나 단맛이 나는 단풍나무 수액으로 시럽을 만들기도 해요.

봄에는 동물들도 겨울잠에서 깨어나지요. 개구리는 주변의 온도에 따라서 체온이 달라지는 변온 동물인데, 봄이 되어 기온이 올라가면 체온도 올라가 겨울잠에서 깨어나요. 또 겨울을 보내러 따뜻한 곳으로 떠났던 철새들이 돌아오고, 애벌레나 번데기로 겨울을 난 곤충들이 어른 벌레가 되기 위한 준비를 시작해요. 그동안 추위를 피해 낙엽이나 바위 밑에 모여 있던 곤충들도 다시 활발하게 움직여요. 숲이 봄을 맞아 잠에서 깨어나는 것이지요.

버들강아지
솜털이 보송한 갯버들의 겨울눈은 봄이 되면 하얀색으로 변하는데 이것을 버들강아지라고 불러요.

벌
벌은 겨우내 움츠려 있다가 봄이 되면 부지런히 꿀과 꽃가루를 나르지요.

🍒 **변온 동물**
체온을 조절하는 능력이 없어서 바깥 온도에 따라 체온이 변하는 동물을 말해요.

여기서
잠깐!

숲속 팔레트 만들기
봄의 숲에 들어가 주변을 둘러보세요. 그리고 숲에 있는 다양한 색깔을 찾아 아래 팔레트에 칠해 보세요.

산호랑나비 애벌레
번데기로 겨울을 지낸 산호랑나비는 날씨가 따뜻해지면 애벌레가 되어 연한 잎을 갉아먹으며 나비가 되는 날을 기다리지요.

회양목
봄이 되면 가지 끝에 연한 초록색의 새순이 돋아나요. 작년에 있던 헌 잎들과는 색이 확연히 달라 금세 알아볼 수 있지요.

☞ 정답은 56쪽에

숲이 사라져서 생기는 것, 황사

봄이 되면 사람들이 별로 달가워하지 않는 황사가 불어와요. "내일은 황사가 발생하니 주의하세요."라는 일기 예보를 들은 적이 있을 거예요. 사람들은 황사가 오는 날이면 외출할 때 마스크를 쓰고, 심한 날에는 아예 밖에 나가지 않아요. 집에 있을 때에도 창문을 닫아 놓지요. 자동차나 건물에는 흙먼지가 쌓이며 하늘은 황갈색으로 뿌옇게 흐려져 앞을 잘 볼 수도 없어요.

그런데 황사는 왜 생기는 걸까요? 봄이 되면 중국 내륙의 사막에 있는 모래 먼지를 가진 바람이 우리나라 쪽으로 불어와요. 역사책에도 이런 모래 바람에 대한 기록이 남아 있는 것으로 보아 황사는 오래전부터 봄이 되면 불어오는 계절풍이었던 것 같아요. 최근에는 중국 북부와 몽골 지방의 숲이 사라지고 사막이 점점 넓어지면서 모래 바람이 불어오는 횟수나 정도가 더 심해지고 있어요.

황사가 오면 눈도 코도 답답해서 숨쉬기가 힘들어요.

황사가 있는 날 서울의 모습
황사가 발생한 날이면 모래 먼지 때문에 대기가 뿌옇게 변해요.

그럼 왜 황사가 점점 더 심해지는 것일까요? 바로 지구 온난화 현상 때문이에요. 온난화로 땅이 메말라 숲이 사라지고, 사람들이 나무를 너무 많이 베어 사막이 넓어지고 있거든요. 특히 최근의 황사는 중국의 공장 지대에서 중금속처럼 해로운 물질을 함께 실어 와 우리 몸을 아주 해롭게 만들지요. 그래서 사람들은 황사 때문에 기관지 질환이나 감기, 눈병 같은 것을 앓기도 해요.

봄의 불청객인 황사 현상을 막기 위한 가장 좋은 방법은 황사가 불어오는 중국과 몽골에 나무를 많이 심는 것이에요. 그러면 사막이 줄어들어 모래 먼지도 없어질테니까요. 그래서 황사의 피해를 입는 우리나라와 일본은 이들 국가에 나무 심기를 도와주고 있답니다.

🌱 황사가 오는 날은 이렇게 하세요!

- 노인이나 아이들은 외출을 하지 않는 것이 좋아요.
- 황사 먼지는 기계에도 좋지 않아요. 황사가 온다는 예보가 있으면 덮개를 덮어 먼지가 들어가지 않도록 해요.
- 황사가 지난 후에는 창틀에 묻어 있는 먼지를 깨끗이 닦아 내요.
- 황사 때 입고 나갔던 옷은 깨끗이 빨아요.

꼭 밖에 나가야 한다면 마스크로 입과 코를 가려요.

황사가 있는 날에 외출해서 돌아오면 손과 발, 얼굴을 깨끗하게 씻어요.

집 밖의 먼지가 안으로 들어오지 않도록 창문을 꼭 닫아 두어요.

여러 가지 꽃이 피어요

노란제비꽃

구슬붕이

회양목 꽃

봄이 오면 숲에서 가장 눈에 띄는 것은 여러 가지 꽃이에요. 벚꽃이며 진달래, 목련, 개나리, 장미 등은 아름다운 모습과 향기로 우리의 눈과 코를 즐겁게 해 주지요. 대표적인

진달래

철쭉

봄꽃인 진달래와 철쭉은 언뜻 보면 비슷하지만 모양과 피는 시기가 달라요. 진달래 잎에는 잔털이 없지만, 철쭉 잎에는 잔털이 있어요. 또 진달래는 잎이 나기 전에 꽃이 먼저 피고, 철쭉은 잎이 난 다음에 꽃이 핀답니다.

꽃이라고 다 예쁘고 화려하며 향기가 좋은 것은 아니에요. 어떤 꽃들은 눈에 띄지 않을 정도로 소박한 모습을 하고 있지요. 학교 화단이나 집 근처에서 흔히 볼 수 있는 회양목도 봄에 꽃이 피는 나무에

꽃가루를 퍼뜨리는 여러 가지 방법

식물은 각자의 생김새와 주변 환경에 알맞은 방법으로 꽃가루를 퍼뜨리지요. 꽃가루를 퍼뜨리는 방법에 따라 충매화, 풍매화, 수매화, 조매화 등으로 나뉘는데, 우리나라에는 새가 꽃가루를 옮기는 조매화가 그리 흔치 않아요.

충매화
곤충이 꽃가루를 옮겨 주어요. 충매화는 보통 꽃이 아름답고 향기가 좋으며 꿀이 있어 곤충을 유인하기에 좋아요.

풍매화
바람을 타고 꽃가루가 퍼져요. 꽃가루는 바람에 날아가기 좋게 가볍고 끈적거리지 않는답니다.

수매화
물을 이용해 꽃가루가 퍼져요. 꽃가루가 물결을 타고 흩어지거나, 물속에 핀 암꽃이 가라앉는 꽃가루를 받기도 해요.

요. 하지만 이른 봄에 초록색으로 피는 회양목의 꽃은 잎과 색깔이 비슷해서 자세히 보지 않으면 꽃인지 잘 몰라요. 또 산수국은 꽃처럼 보이지만 실제로는 꽃이 아니랍니다. 벌이나 나비들을 불러 모으기 위해 화려하게 치장을 한 것이지요.

꽃의 가장 큰 임무는 씨를 만들어 자손을 널리 퍼뜨리는 것이에요. 씨를 만들려면 암술과 수술의 꽃가루가 만나 꽃가루받이를 해야 하는데 이때 벌이나 나비와 같은 곤충이나 새, 바람, 물의 도움을 받아요.

꽃은 보통 암술, 수술, 꽃잎, 꽃받침으로 이루어져 있어요. 암술은 보통 한 개지만 수술은 여러 개가 있지요. 꽃잎은 암술과 수술을 보호하며 아름다운 색으로 곤충을 유인해요. 그리고 꽃받침은 꽃잎을 받쳐 주고 보호하지요.

꽃 살펴보기

꽃잎 · 암술 · 수술 · 꽃받침 · 밑씨 · 씨방

암술은 꽃의 중앙에 있고, 여러 개의 수술은 암술을 둘러싸고 있어요. 꽃잎은 암술과 수술을 보호하며 꽃받침은 꽃잎을 하나로 묶어 주지요. 그 아래에는 씨앗이 되는 밑씨와 밑씨를 보호하는 씨방이 있어요.

여기서 잠깐!

봄꽃의 색

우리나라에서 봄에 피는 꽃의 색 중에 가장 흔한 색은 무슨 색일까요?

①파랑 ②빨강 ③분홍 ④노랑 ⑤보라

☞ 정답은 56쪽에

꽃의 구분

꽃은 구조나 암술과 수술의 위치, 꽃잎의 모양에 따라 종류를 나누어요. 암술, 수술, 꽃잎, 꽃받침이 모두 있으면 갖춘꽃, 그렇지 않으면 안갖춘꽃이에요. 그리고 암술과 수술이 함께 있으면 양성화, 따로 있으면 단성화이지요. 또, 꽃잎이 함께 붙어 있으면 통꽃, 서로 떨어져 있으면 갈래꽃이랍니다.

소나무 암꽃과 수꽃
소나무꽃은 꽃잎과 꽃받침을 갖추지 않은 안갖춘꽃이에요. 그래서 자세히 보지 않으면 꽃인지 모를 정도로 수수하지요. 암꽃과 수꽃이 따로 피는 단성화랍니다.

사과꽃
사과꽃은 암술, 수술, 꽃잎, 꽃받침이 모두 있는 갖춘꽃이고, 암술과 수술이 함께 있는 양성화랍니다.

나무가 쑥쑥 자라는 여름이 왔어요

여름 숲은 검게 느껴질 정도로 짙푸른 녹색이에요. 나뭇잎과 나무줄기가 하루가 다르게 자라서 시원한 그늘을 만들어 주고 숲 사이로 시원한 계곡물이 흐르지요. 이처럼 숲은 온도 조절 능력을 가지고 있어서 더위를 피하기에 안성맞춤이에요. 우리 모두 시원한 여름 숲으로 들어가 볼까요?

숲에서 목욕을 해 볼까요?

산림욕은 1983년 우리나라에 처음 알려진 뒤 점점 인기가 많아져서 지금은 산림청에서 운영하고 있는 산림욕장이 전국에 100여 곳이나 된다고 해요. 산림욕은 한마디로 숲에서 하는 목욕이에요. 산림욕을 하기에 가장 좋은 때는 나무들이 잘 자라는 초여름부터 늦가을까지예요. 날씨가 맑고 바람이 적은 날, 오전 10시~12시 사이에 짧은 옷이나 공기가 잘 통하는 옷을 입고 숲에 들어가면 가장 좋아요. 깊은 숲으로 들어가면 나쁜 세균을 죽이고 우리 기분을 좋게 해 주는 '피톤치드'라는 물질이 많이 나오지요. 산림욕은 나무가 우거진 곳이면 어디든 가능하지만 바늘 모양의 잎을 가진 소나무나 전나무 등 침엽수가 많은 곳이 더 좋고, 머무는 시간은 3시간 이상이 좋아요.

곤충들이 활개 치며 다녀요

'여름' 하면 떠오르는 것은 강한 햇빛과 높은 기온, 그리고 긴 장마예요. 이런 날씨는 나무가 자라는 데 아주 적당하기 때문에 여름 숲은 푸르다 못해 검은 빛을 띨 만큼 그 색이 나날이 짙어지지요. 나뭇잎은 크고 두꺼워지며 줄기는 길고 굵어지는데 그 모습이 하루하루 다르답니다.

쑥쑥 자라는 나무와 함께 여름 숲에서 눈에 띄는 것은 수많은 곤충이에요. 겨울과 봄 동안 알이나 애벌레였던 곤충들이 성충으로 자라고, 겨울을 난 성충들은 짝짓기를 하거나 알을 낳기 위해 활발하게 움직여요. 여름이 되면 먹이도 많아지고 온도가 높아 활동하기에 좋기 때문이에요.

알락하늘소
딱정벌레의 한 종류로 버드나무의 수액을 먹어요.

🍒 **성충**
다 자란 어른 벌레를 말해요.

으름나방 애벌레
초여름과 늦여름에 나타나 으름 덩굴을 먹고 자라요.

여름 숲에서 흔히 볼 수 있는 곤충들

여름은 곤충들이 살기에 가장 적합한 계절이에요. 온도와 습도가 높고 먹이가 되는 나무나 풀도 무성하니까요. 여름 숲에서 가장 흔하게 볼 수 있는 곤충들을 알아보아요.

사슴벌레
여름이면 짝짓기를 하고 알을 낳느라 분주해요. 참나무가 많은 곳과 비교적 서늘한 높은 산에서 발견된답니다.

잠자리
늪이나 연못에서 애벌레 형태로 지내다가 5~6월쯤 번데기가 돼요. 여름이 한창일 때 날개가 달린 성충이 되지요.

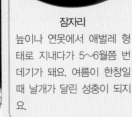

매미는 가장 대표적인 여름 곤충이에요. 매미는 나무의 수액을 빨아먹고 사는데, 여름이 되면 나무의 수액이 많아지면서 매미의 수가 늘어나요.

진딧물을 먹는 무당벌레는 봄부터 늦가을까지 흔히 볼 수 있으며 가을이 되면 풀과 낙엽 밑으로 옮겨가서 겨울을 지내지요. 흔히 집게벌레라고 부르는 사슴벌레는 참나무나 갈참나무의 수액을 먹기 때문에 참나무가 많은 숲에서 관찰할 수 있어요. 사슴벌레는 6월 말부터 활동해서 8월 말에 알을 낳는데 알에서 깨어난 애벌레가 성충이 되려면 2~3년은 걸리지요.

광대노린재
아주 신맛이 나는 벌레로 한번 광대노린재를 먹은 새들은 다시는 먹지 않아요.

무당벌레
진딧물을 먹는 무당벌레는 초여름에 부화해 보름 정도면 성충이 된답니다. 추워지면 나뭇잎 밑이나 건물 안에서 겨울을 보내지요.

매미
여름에 짝짓기를 하는데 크게 울어야 암컷의 사랑을 얻을 수 있기 때문에 모두들 귀가 아프도록 울어댄답니다.

나무와 잎이 무성해져요

'저 나무는 몇 살쯤 되었을까?'하고 생각해 본 적이 있나요? 나무의 나이를 알 수 있는 방법은 여러 가지예요. 가장 쉬운 방법은 나이테를 세는 것이지요. 나이테는 나무를 잘라 보면 줄기 안에 둥근 원이 겹쳐 있는 것을 말해요. 나무의 줄기가 두꺼워지는 것을 부피 성장이라고 하는데 나무는 계절에 따라 부피 성장을 달리 해요. 이 때문에 나이테가 생기는 것이지요.

봄, 여름, 가을에 자라 부피가 커진 나무는 겨울이 되면 성장을 멈추는데 이 흔적을 따라 나타난 검은 띠를 보고 일 년을 세지요. 나이테를 보면 나무의 나이뿐 아니라 나무가 자랐던 환경도 알 수 있어요. 그 해의 날씨가 나무가 자라기에 좋았으면 부피 성장을 많이 해서 나이테와 나이테 사이가 두껍고, 가물거나 영양분이 적었다면 부피 성장이 적어 나이테 사이가 좁아지지요.

나이테로 알 수 있는 것

봄부터 여름까지 만들어진 세포는 크고 부드러우며 색도 연해요. 하지만 가을과 겨울에 만들어진 세포는 작고 단단하며 진한 색이 되지요. 나무는 이런 성장을 반복하면서 1년 동안 하나의 나이테를 만들어요. 그래서 여름과 겨울이 있는 나라에서 자라는 나무에서는 나이테를 쉽게 찾을 수 있지만 1년 내내 더운 열대 지방에서 자라는 나무에는 나이테가 없어요.

빛을 많이 받은 곳

가을, 겨울

봄, 여름

빛을 적게 받은 곳

그렇다면 나무를 잘라야만 나무의 나이를 알 수 있을까요? 나무를 자르지 않고 나이테를 셀 수 있도록 만든 도구가 있어요. 바로 생장추예요. 생장추는 가운데가 빈 원통형으로 이것을 나무에 끼워 돌리면 나무에 구멍이 생기면서 빈 곳에 나무의 줄기 단면이 그대로 들어가게 됩니다. 이것을 꺼내 나이테를 보고 나무의 나이를 측정해요. 생장추로 파낸 부분에는 특수한 수지로 메워 나무가 썩지 않도록 해요. 나이테가 나타나지 않는 나무들은 몇 년에 걸쳐서 나무의 크기를 비교하거나 방사성 원소를 이용한 연대측정법을 쓰기도 하지요.

이 외에 역사 속의 각종 기록을 보고 나무의 나이를 짐작하기도 해요. 용문사의 은행나무는 신라의 마지막 왕인 경순왕이나 그의 아들 마의태자가 심은 것이라고 전해져요. 사람들은 이 이야기를 통해서 용문사의 은행나무가 신라 시대에 심어졌을 거라고 추측하지요.

수지
송진처럼 나무에서 나온 끈적이는 액체를 말해요.

우리나라에서 가장 오래된 나무

우리나라에서 가장 오래된 나무는 양평 용문사에 있는 은행나무로 1100살 정도 되었고 높이는 60여 미터로 동양에서 가장 큽니다. 그래서 우리나라에서는 천연기념물 30호로 지정하여 보호하고 있어요. 세계에서 가장 오래된 나무는 미국에 있는 히코리 소나무로 약 4700살이에요.

용문사 은행나무

여러 가지 모양의 잎

식물의 잎은 빛과 물, 이산화 탄소를 재료로 광합성을 해서 양분과 산소를 만들어요. 그래서 식물의 잎은 빛을 많이 받고 물을 잃지 않기 위해 모양과 크기를 변화시킨답니다.

칡잎
칡은 한 가지에 세 장의 잎이 달려 있는데, 가운데는 둥글고 양옆의 잎은 반달 모양입니다. 잎이 서로 겹치지 않도록 하여 빛을 잘 받기 위한 전략이지요.

동백나무잎
잎이 도톰하고 반질반질해서 왁스칠을 한 것처럼 반짝거려요. 이것은 더운 날씨에 수분을 빼앗기는 것을 막기 위한 것이지요.

선인장 가시
식물의 잎이 클수록 배출되는 수분의 양이 많아져요. 그래서 더운 사막에서 사는 선인장은 수분을 빼앗기기 쉬운 넓은 잎을 가시 모양으로 바꾸었답니다.

우리가 지켜야 할 지구

자동차가 많아지고 공장이 많아지면서 대기 중에는 이산화 탄소가 늘어나고 있어요. 이산화 탄소는 대기 중에 머물면서 마치 담요처럼 지구를 감싸 안아요. 그래서 이산화 탄소가 많아지면 대기 중에 있는 열들이 빠져나가지 못해 지구를 덥게 만들어 버려요. 그래서 지구온난화라는 현상이 생기게 되었지요.

지구가 더워지면 여러 가지 이상 현상들이 발생해요. 우선 식물들이 자라는 지역과 거기에 서식하는 생물의 종류가 달라져요. 따뜻한 곳에서나 자라던 나무가 우리나라에서도 자라거나, 그동안 우리나라 바다에서 잡히지 않던 아열대 지방의 물고기가 잡히기도 해요. 또 동물들이 겨울잠을 자지 않게 되기도 하지요. 모두 다 이런 기후 변화 때문이랍니다.

이산화 탄소의 배출
자동차나 공장에서 석유를 쓰면 그곳에서 이산화 탄소와
온실 가스가 많이 나온답니다.

빙하가 다 녹다니
정말 큰일이구나!

지구 온난화
지구의 온도가 점점 더 올라가면서 극 지방의 빙하가 녹고 있어요. 수천 년 간 녹지 않았던 그린란드의 빙하가 녹으면서
주변의 바닷물의 온도와 생물이 사는 환경도 달라지고 육지도 줄어들며 날씨도 달라지지요.

또한 지구의 온도가 올라가면서 남극과 북극의 빙하가 녹기 시작했고 빙하가 녹아 바닷물이 늘어나면서 육지의 면적이 줄어들게 되었어요. 갑자기 몰아닥치는 폭풍이나 지진해일, 평소와는 다르게 지나치게 덥거나 추운 날씨 등도 지구 온난화 때문이에요. 이런 모든 일을 막으려면 대기 중에 이산화 탄소를 배출하지 않고 이산화 탄소를 제거하는 것이 아주 중요하지요.

그렇다면 공기 중에 이산화 탄소를 줄이는 방법은 무엇이 있을까요? 여러 가지 방법이 있지만 그 중에 가장 효과적인 것은 나무를 심어 숲을 가꾸는 것이에요. 나무는 광합성의 과정에서 이산화 탄소를 흡수하고 산소를 내놓아요. 따라서 나무가 늘어나고 숲이 많아지게 되면 그만큼 공기 중에 이산화 탄소를 많이 제거할 수 있지요. 그래서 숲을 가꾸는 일은 아주 중요하답니다.

이 외에도 탄소 배출을 줄이기 위해 우리가 무엇을 할 수 있을지 한번 생각해 보세요.

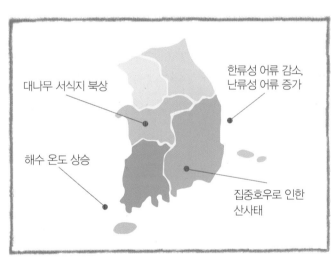

대나무 서식지 북상

한류성 어류 감소, 난류성 어류 증가

해수 온도 상승

집중호우로 인한 산사태

지구 온난화로 인해 우리나라에 사는 식물이나 동물의 생태도 많은 변화를 겪고 있어요.

내가 배출하는 탄소의 양 알아보기

내가 배출하는 탄소의 양을 알고 싶나요? '탄소나무 계산기'를 활용해 보세요.
www.forest.go.kr/images/carbontree/cal.swf에서는 우리가 생활 속에서 배출하는 탄소의 양과 이를 흡수하기 위해서 우리가 심어야 하는 나무의 양을 계산해 준답니다.

비가 오니 버섯이 나왔네요

🍒 **엽록소**
광합성을 하는 녹색의 색소를 말해요.

🍒 **광합성**
녹색 식물이 빛을 이용하여 이산화 탄소와 수분, 햇빛으로 영양분과 산소, 수분을 만들어 내는 과정이에요.

버섯은 이미 죽은 나무나 축축한 곳에 있는 낙엽 더미에서 종종 볼 수 있어요. 버섯은 마치 식물처럼 보이지만 사실은 식물이 아닌 균류라는 생물이에요. 그러므로 다른 식물들과 달리 초록색도 아니며 꽃도 피지 않지요.

모든 초록 식물은 **엽록소**로 **광합성**을 해서 얻은 에너지를 쓰며 자라나요. 하지만 버섯은 엽록소가 없어서 아무리 햇빛을 받아도 에너지를 만들어 내지 못하요. 그렇다면 버섯은 어디서 에너지를 얻어, 어떻게 자라는 것일까요?

숲속의 흙에는 썩은 풀과 나뭇잎, 이끼, 동물의 분비물이나 사체들이 섞여 있어요. 버섯은 이런 찌꺼기에서 영양분을 얻거나 다른 식물이 만들어 낸 영양분을 얻어 살아가지요. 그래서 낙엽과 가지가 썩어서 생긴 거름 층은 버섯이 자라기에 아주 좋답니다. 특히 소나무, 참나무, 자작나무, 밤나무 숲처럼 낙엽과 열매가 많이 떨어

버섯이 하는 일

버섯은 생태계의 분해자예요. 동물이나 식물이 죽으면 다른 동물이 이를 먹고 배설을 하거나, 곤충에 의해 잘게 부서지지요. 이처럼 버섯도 단단한 나무를 잘게 부수어 줘요. 분해된 양분은 흙에 섞여 생산자들이 영양분을 만드는 것을 도와주고 이런 분해자 덕분에 생태계가 순환할 수 있게 된답니다.

숲에 사는 버섯들

장마가 지나면 숲에서 버섯이 자라기 시작해요. 이때에는 버섯이 매우 빨리 자라요. 전날까지 아무것도 없던 곳에서 쏙 자라나 있곤 해요. 숲에서는 주로 어떤 버섯을 볼 수 있는지 함께 알아보아요.

우아, 나무 둥치에 돋아난 버섯은 정말 신기하구나!

송이버섯
20~50년 된 소나무 주변에서 9월쯤 볼 수 있어요. 향이 좋은 귀한 버섯으로 사람들이 즐겨 찾지요.

능이버섯
9월 정도에 활엽수림에서 많이 볼 수 있는 버섯이에요. 먹기도 하고 약으로도 쓰지요.

지는 숲에서 버섯이 많이 자라요. 그렇다면 버섯은 다른 식물의 영양분을 얻기만 하는 것일까요?

　버섯은 나뭇잎이나 죽은 동물, 동물의 분비물로 만들진 영양분을 분해해서 나무 뿌리가 영양분을 빨아올리기 좋게 해 주지요. 그러니까 버섯은 나무의 영양분을 빼앗으며 사는 것이 아니라 함께 사는 것이에요. 또 버섯은 멧돼지나 곰이 좋아하는 먹이이기도 해요.

　우리나라에는 약 1000여 종의 버섯이 있는데 그중 먹을 수 있는 것은 100여 종, 독버섯이 50여 종 정도예요. 독버섯과 식용 버섯을 구별하기는 어려운데 색깔이 예쁘다고 무조건 독버섯인 것은 아니예요. 어떤 버섯은 독버섯의 모양을 흉내내고, 독버섯이 식용 버섯의 색이나 모양을 하고 있는 경우도 많기 때문이지요.

무서운 독버섯

독버섯은 종류가 매우 다양해요. '독버섯은 이렇게 생겼다.'고 말할 만한 특징이 따로 없지요. 그래서 예쁘거나 화려한 모습을 한 버섯을 다 독버섯이라고 할 수는 없답니다. 광대버섯, 무당버섯, 독깔때기버섯 등이 대표적인 독버섯인데 이들 버섯이 가진 독성은 다 다르고 버섯에 중독되었을 때 일어나는 현상도 모두 달라요. 어떤 버섯은 경련을 일으키게 만들고, 어떤 버섯은 환각을 일으키게 하며, 어떤 버섯은 먹은 지 며칠이 지나야 증세가 나타나기도 해요. 그러므로 숲에서 캔 버섯을 먹을 때는 항상 주의해야 하지요.

여기서 잠깐!

나는 누구일까요?

나는 아주 귀한 버섯으로 가을에 소나무 밑에서 많이 보이지요. 향이 아주 좋아 값이 비싸지만 사람들이 즐겨 찾는답니다. 나는 누구일까요?

① 송이버섯　② 목이버섯　③ 영지버섯　④ 능이버섯

☞ 정답은 56쪽에

목이버섯
한여름에 주로 볼 수 있는 버섯으로 중국 요리에 많이 쓰여요.

팽나무버섯
활엽수의 고목, 나무 등걸에서 볼 수 있으며 최고의 식용 버섯으로 재배도 가능하지요.

영지버섯
약용으로 쓰이며 5~6월에 참나무에서 볼 수 있어요. 북한에서는 불로초나 장수버섯이라고도 하지요.

아름다운 단풍이 드는 가을이에요

가을이 되면 숲은 온통 붉은 빛으로 물들지요. 이것을 단풍이 든다고 해요. 아름답게만 보이는 단풍은 사실 숲이 겨울을 준비하는 하나의 과정이에요. 숲속의 생물들은 먹을 것이 없고 기온도 낮은 혹독한 겨울을 견뎌내야 하지요. 그래서 가을이 오면 모두 분주하게 겨울 준비를 해요. 그럼, 가을 숲이 어떻게 겨울 채비를 하는지 살펴볼까요?

단풍이 아름다운 숲을 찾아가 볼까요?

- **설악산**: 설악산의 단풍은 정상에서 하루에 50미터씩 아래로 내려오는데 공룡능선, 권금성, 주전골 등지의 단풍이 특히 아름다워요.

- **내장산**: 내장산 단풍은 산 전체가 한꺼번에 물듭니다. 이때는 어느 곳에서나 아름다운 단풍을 구경할 수 있지요. 300미터나 되는 단풍 터널이 이어진 내장사 진입로, 서래봉, 케이블카에서 내려다보는 장군봉과 연자봉 사이가 단풍이 아름답기로 특히 유명해요.

- **지리산**: 지리산은 피아골, 쌍계사, 불일폭포, 뱀사골 등이 단풍으로 유명해요. 특히 지리산에는 다양한 수종의 참나무가 모여 살고 있어 더 아름답지요.

단풍이 들었어요

가을이 되면 날씨가 추워지고 여름에 비해 비도 적게 와요. 이렇게 되면 식물은 성장에 쓸 수 있는 에너지가 적어지기 때문에 자라는 속도를 늦추고 영양분이 많이 필요한 일은 멈추게 되지요. 그러면서 햇볕을 이용해서 광합성을 하고 영양분을 만들어 내던 엽록소가 잎에서 줄어들어요. 그러면 그동안 녹색의 엽록소 때문에 보이지 않았던 붉고 노란 색소가 나타나 나뭇잎의 색이 변해요. 이것을 '단풍이 든다.'라고 하지요.

단풍은 날씨가 추워지는 곳에서부터 나타나기 시작해요. 보통 북쪽에 있는 산에서부터 단풍이 시작되어 남쪽으로 내려오곤 하지요. 높은 산에서는 단풍이 꼭

에너지
생물이 활동하거나 자라는 데 필요한 힘을 말해요.

여러 가지 색의 단풍

흔히들 단풍은 빨간색으로 생각하지만 노란색, 갈색의 단풍도 있어요. 가을이 되면 나뭇잎의 엽록소가 줄어들면서 그동안 엽록소에 가려 보이지 않던 색소가 모습을 드러내지요. 빨간색 잎에는 안토시안, 노란색 잎에는 카로티노이드계 색소, 갈색 잎에는 프로바펜이라는 색소가 들어 있어요.

침엽수와 활엽수

나뭇잎의 모양과 크기는 아주 다양해요. 이런 다양한 나뭇잎을 크게 두 가지로 나누면 바늘처럼 뾰족한 잎을 가진 침엽수, 넓고 평평한 잎을 가진 활엽수로 나눌 수 있지요. 침엽수와 활엽수가 어떻게 다른지 함께 알아보아요.

침엽수
바늘잎 모양의 잎을 가진 나무를 침엽수라고 해요. 침엽수의 잎은 얇은 비닐막으로 덮여 있어서 수분이 잘 날아가지 않기 때문에 잎을 떨어뜨리지 않고도 겨울을 날 수 있답니다. 침엽수 중에서도 가을이 되면 잎이 노랗게 변하고 낙엽처럼 바닥으로 떨어지는 나무가 있는데, 떨어지는 잎이 마치 새의 깃털처럼 보인다고 해서 낙우송이라고도 불러요.

활엽수
넓고 평평한 모양의 잎을 가진 나무를 활엽수라고 해요. 활엽수의 잎들은 봄에 새로 나서 여름에 커지다가 가을에는 단풍이 지고 낙엽이 되어 모두 떨어지지요. 그리고 가지만 남아 겨울을 나요. 활엽수의 잎은 얇고 넓어 수분을 많이 배출하기 때문에 건조한 겨울에는 이 잎을 떨어뜨리는 것이 나무가 겨울을 나기에 더 좋아요.

대기에서 시작되어 아래로 내려오고요. 날이 더 추워지면 붉고 노랗게 산을 뒤덮고 있던 단풍은 다 떨어져 결국 앙상한 나뭇가지만 남게 됩니다.

그렇다면 왜 나무는 가을이 되면 나뭇잎을 떨어뜨릴까요? 나뭇잎이 하는 일 중의 하나는 나무가 흡수한 물을 공기 중으로 날려 보내는 일이에요. 그러면 식물의 온도가 낮아지고 줄기 속의 물도 줄어들게 되지요. 하지만 가을이 되어 건조해지고 기온이 내려가면 땅속의 물이 얼어 나무 뿌리가 물을 빨아들일 수 없으므로, 잎을 통해 날아가는 물을 아끼기 위해 잎을 떨어뜨려요. 나무가 겨울의 추위를 견딜 수 있는 것은 이처럼 가을부터 충분히 준비를 하기 때문이에요.

단풍시작일
9.27 금강산
9.30
10.3
10.6 설악산
10.9
10.12 오대산
10.15
10.18 북한산 치악산
10.21 월악산
속리산
계룡산 팔공산
가야산
내장산 지리산
10.24
10.27
무등산
두륜산
10.12 한라산
해마다 조금씩 달라요.

잎이 하는 일

식물의 잎은 많은 일을 해요. 이산화 탄소와 물, 햇빛을 가지고 엽록소를 통해 광합성을 하고 광합성을 통해 영양분과 산소, 물을 얻자요. 또 식물은 잎을 통해 호흡을 하기도 해요. 식물의 호흡은 동물과 같아서 산소를 들이쉬고 이산화 탄소를 내뿜어요. 하지만 낮에는 광합성을 통해 얻는 산소가 더 많기 때문에 산소를 더 많이 배출하지요. 그 밖에도 더운 날이면 잎을 통해 물을 증발시켜 식물의 온도를 낮춰 주기도 하고, 이런 증산 작용을 통해 뿌리가 더 쉽게 물을 빨아들일 수 있도록 도와주어요.

🍒 흡수
바깥에 있는 것을 빨아서 거두어 들이는 것을 말해요.

여기서
잠깐!
숲에 떨어져 있는 아름다운 단풍을 모아 볼까요?

1) 노란색의 단풍을 모아서 그려 보세요.
2) 빨간색의 단풍을 모아서 그려 보세요.

단풍잎

은행잎

☞ 정답은 56쪽에

열매가 주렁주렁 달렸어요

가을은 많은 열매들이 열리는 수확의 계절이에요. 봄과 여름 동안 햇볕을 받으며 영양분을 저장한 식물들은 가을이 되면 풍성한 열매를 맺지요.

우리나라는 참나무와 밤나무가 흔하기 때문에 가을 숲에 가면 갖가지 모양의 도토리며 밤송이를 비롯한 여러 열매를 볼 수 있어요. 상수리, 굴참, 갈참, 졸참, 신갈, 떡갈나무를 모아 참나무라고 하는데, 나무마다 달리는 도토리 모양이 모두 달라요. 또 나무 꼭대기에 달린 방울 모양의 잣나무 열매도 가을이면 흔히 볼 수 있답니다. 이런 열매와 씨앗은 동물들에게 맛있는 먹이가 되어요. 동물들은 이런 열매와 씨앗을 저장 창고에 모아 두고 귀중한 겨울 식량으로 쓰지요. 하지만 식물한테는 또 다른 목

가을 산에서 쉽게 볼 수 있는 열매들

가을이 되면 여름 내내 열심히 성장한 나무들이 열매를 만들어 놓아요. 이런 열매는 사람을 비롯한 다른 동물들에게 좋은 먹이가 되어 주지요. 가을 산에서 볼 수 있는 열매들을 함께 살펴보아요.

감
사람은 물론 다른 동물들에게도 인기가 많은 열매예요. 이처럼 맛있는 과육이 있는 열매를 과일이라고 부른답니다.

모과
처음에는 초록색이었다가 익으면 노랗고 울퉁불퉁하게 변해요. 향이 매우 좋지만 맛은 별로지요.

솔방울
소나무의 열매로 비늘처럼 생긴 열매가 한데 모아져 있지요. 이 열매는 비늘을 타고 멀리까지 퍼질 수 있답니다.

적이 있어요. 열매와 씨앗을 통해 자손을 퍼뜨리는 것이지요.

그럼 가을 숲에서 열매를 찾아볼까요? 모든 식물들은 꽃을 피우고 열매를 맺는데, 그 모양은 매우 다양해요. 가을 숲에서 흔히 볼 수 있는 감이나 모과, 솔방울이나 잣, 밤이나 도토리는 모두 나름의 특징을 가지고 있어요. 감은 달고 맛있는 과육이 있어서 사람에게나 동물한테 인기가 많지요. 반면 밤이나 도토리처럼 두꺼운 겉껍질을 가진 열매는 튼튼한 이빨을 가진 동물이나 도구를 쓸 수 있는 사람만 먹을 수 있어요. 솔방울이나 잣나무의 열매는 수가 많고 씨앗에 날개가 달려 있어 멀리 퍼지기에 좋아요.

열매와 씨앗

열매와 씨앗은 정확하게 말하면 조금 달라요. 씨앗이 씨방 안에 있는 식물을 속씨 식물, 씨방이 없는 식물을 겉씨 식물이라고 해요. 열매는 암술의 씨방이 자란 것으로 씨앗과 그 주변을 둘러싸고 있는 과육을 모두 의미하지요. 하지만 솔방울이나 잣처럼 씨방이 없는 겉씨 식물은 열매와 씨앗이 같은 것이랍니다. 딸기는 더욱 특이해서 우리가 먹는 부분은 씨방이 아니라 꽃턱이 발달한 것이에요. 그래서 씨가 전부 겉에 나와 있지요.

여기서
잠깐!

여러 가지 도토리 모양

가을 숲에 나가 여러 가지 모양의 도토리를 주워 모양별로 분류하고, 아래 빈칸에 그려 보세요.

☞ 정답은 56쪽에

잣
잣방울 하나에는 잣이 100~200개 정도 달려요. 우리가 먹는 것은 잣 열매의 배젖으로 맛이 좋고 영양도 많지요.

밤
밤은 가시가 있는 겉껍질과 단단한 속껍질 안에 들어 있어요. 다 익으면 겉껍질이 저절로 벌어지지요.

도토리
참나무과 나무의 열매를 모두 도토리라고 하는데 단단한 껍질로 싸여 있어 쉽게 먹을 수 없어요.

그럼, 왜 식물은 이렇게 씨를 멀리 보내려고 할까요? 씨가 땅에 떨어진 뒤 싹이 트고 자라기 위해서는 햇빛, 수분, 온도가 적절한 **환경**이 필요해요. 그런데 씨들이 한꺼번에 같은 장소에서 싹이 나면 서로 경쟁을 해야 하기 때문에 될 수 있는 한 멀리 떨어지려고 하지요. 그래야 싹을 틔우고 자랄 수 있는 기회가 많아지기 때문이에요. 또, 같은 나무에서 난 씨앗끼리 꽃가루를 주고받아 열매를 맺는 것은 좋지 않기 때문에 서로 떨어져서 자라는 것이 좋아요.

우아, 씨앗은 정말 다양한 방법을 써서 멀리 퍼져 가는구나.

씨앗이 퍼지는 방법

식물은 한꺼번에 많은 씨앗이 좁은 공간에 모여 자라는 것을 막기 위해 저마다의 방법으로 씨앗을 멀리 퍼뜨려요. 식물이 어떤 방법을 써서 씨앗을 퍼뜨리는지 함께 알아보아요.

1. 솜털로 날아가는 씨앗들

민들레나 강아지풀의 씨앗은 꽃받침이 변해서 된 솜털을 달고 있어요. 그래서 바람을 타고 멀리까지 날아가지요.

2. 터지는 씨앗들

살갈퀴나 물봉선, 등나무 등의 씨앗은 껍질이 터지면서 그 힘으로 멀리까지 날아가지요.

3. 동물의 먹이가 되어 이동하는 씨앗들

찔레나 노박덩굴의 열매는 색이 화려해서 새에게 먹히기 쉬워요. 새가 먹은 열매의 씨앗은 새의 똥으로 나와 멀리 퍼지지요.

4. 동물의 몸에 붙어서 이동하는 씨앗들

도깨비바늘, 도꼬마리 등은 끈적이는 액체나 갈고리 같은 가시로 사람이나 동물의 몸에 붙어 멀리 퍼진답니다.

겨울을 준비해요

동물들도 추운 겨울에 살아남기 위해서 가을부터 준비를 해요. 다람쥐나 청설모, 어치 등은 먹이 저장 창고에 열매 등을 저장해 두고 겨우내 먹는데 가끔 어디에다 두었는지 잊어버려 찾아먹지 못할 때도 있어요. 그러면 땅에 묻혔던 열매가 봄에 싹을 틔우기도 하지요.

곰이나 개구리, 박쥐들은 최소한의 에너지를 사용해서 겨울을 나기 위해 겨울잠을 잡니다. 그래서 가을이 되면 겨울 동안 머무를 곳을 찾고 따로 먹이를 찾아 나서지 않아도 되도록 잔뜩 살을 찌워 놓지요.

또, 새들은 추운 겨울을 피해 따뜻한 곳으로 떠나요. 이런 새를 여름 철새라고 하는데 우리나라의 대표적인 여름 철새로는 백로, 뻐꾸기 등이 있지요. 이 새들은 따뜻한 봄과 여름에는 우리나라에 머무르다가 가을이 되면 따뜻한 남쪽으로 이동하여 겨울을 보내고 봄에 다시 우리나라로 오지요. 최근에는 기후 변화로 우리나라의 겨울 날씨가 따뜻해지면서 여름 철새가 우리나라를 떠나지 않거나 곰이 겨울잠을 자지 않는 경우도 종종 발견된다고 해요.

먹이를 모으는 다람쥐
다람쥐는 가을이 되면 나무 구멍이나 돌 틈 등에 열매를 모아 놓고 겨울을 지낼 수 있게 준비합니다.

겨울 철새와 여름 철새

기러기처럼 추운 북쪽에서 새끼를 낳고 겨울에 우리나라로 오는 새를 겨울 철새라고 해요.

뻐꾸기처럼 봄에 남쪽에서 날아와 새끼를 낳고 가을에 다시 남쪽으로 가는 새를 여름 철새라고 해요.

겨울잠을 자는 곰
곰은 가을이 되면 실컷 먹이를 먹어 살을 찌우고 겨울잠을 잘 준비를 해요.

숲은 동물의 서식지

　동물들에게는 저마다 집이 필요해요. 우리는 이렇게 동물들이 사는 곳을 서식지라고 불러요. 서식지는 동물들이 사는 집이며 새끼를 낳아 키우는 공간이지요. 동물이 서식지에서 잘 살기 위해 꼭 필요한 조건이 있어요. 물과 먹이가 있어야 하며 다른 동물이나 사람 등의 위협으로부터 숨을 수 있는 은신처도 있어야 하지요. 그러므로 서식지는 일정한 장소가 아니라 먹이, 물, 은신처가 있는 공간을 뜻해요.

　숲은 이 모든 것을 다 갖춘 훌륭한 서식지로 많은 동물들이 숲에서 살아가고 있지요. 동물들은 숲에서 먹이를 얻고 물을 구하며 숲에 있는 동굴이나 덤불, 나무를 은신처로 삼아 살아가요. 따라서 숲을 잘 보호하는 일은 동물들의 서식지를 보호하는 일이기도 해요.

생물들의 서식지인 숲
숲은 생물들이 살 수 있는 서식지 역할을 해요. 생물들을 보호하려면 숲을 잘 보호해야 해요.

하지만 숲이 적은 도시에서는 생물들이 살 공간이 부족해요. 그래서 사람들은 동물들이 살 수 있는 공간을 인공적으로 만들어 주었지요. 이런 공간을 비오톱이라고 하는데, 비오톱은 독일어로 생물이라는 뜻의 단어인 '비오'와 장소를 뜻하는 '톱'이라는 단어를 합해서 만든 말이에요. 즉, 인간과 다양한 생물이 함께 살 수 있는 서식 장소를 뜻하지요.

야생 생물이 서식하고 이동하는 데 도움이 되는 숲, 가로수, 습지, 하천, 화단 등은 모두 비오톱이라 할 수 있어요. 식물을 심어 놓은 화분이나 새집도 작은 비오톱이지요. 화분 안에는 작은 생물들이 살고 있고, 여러분이 만들어 매달아 놓은 새집에도 새들이 올 테니까요. 그 밖에도 우리가 만들 수 있는 비오톱은 무엇이 있는지 생각해 보세요.

비오톱 만들기
사람들 때문에 서식지를 잃은 생물들이 많지요. 우리가 곳곳에 작은 비오톱을 만들어 준다면 여러 생물들이 그곳에서 살 수 있을 거예요.

숲은 추운 겨울을 참고 견뎌요

겨울 숲은 조용하기 그지없어요. 동물들이나 작은 곤충들은 거의 찾아볼 수 없고, 나무들은 잎을 모조리 떨구어 앙상한 가지들만 남아 있지요. 겨울 숲에 사는 생물들은 대부분이 성장을 멈추고 추위로부터 자신들을 보호하기 위해 자기만의 방법으로 겨울을 나지요. 여러분도 겨울 숲에 들어갈 때는 얇은 옷을 여러 겹 겹쳐 입고, 모자나 장갑을 꼭 쓰도록 해요.

겨울 숲에도 열심히 살고 있는 동물들이 많아. 한번 보러 갈까?

조용한 겨울 숲에
우리가 오니 시끌벅적하네.
겨울잠 자던 동물이 잠에서
깨는 거 아냐?

설경이 아름다운 숲

❄ **태백산**: 태백산에서는 매년 1월 '태백산 눈축제'가 열려요. 여기서 등산 대회, 눈조각 경연 대회가 열리고
얼음 미끄럼틀과 썰매장이 준비돼 있어요.
문의: 033) 550−2085 관광문화과

❄ **대관령**: 겨울이면 1미터 이상의 많은 눈이 내리는 이곳은 겨울이면 설피를 신거나 사냥을 하는 등 독특한
생활 양식을 가지고 있어요. 매년 1월이면 이런 겨울 생활을 체험할 수 있는 '대관령 눈꽃축제'를 열고
있답니다.
문의: 033) 335−3995 대관령눈꽃축제위원회

❄ **설악산**: 겨울이 되면 빙벽을 등반하려고 많은 사람이 설악산을 찾아와요. 그 외에 하얀 산길 걷기 대회
등이 매년 1월 말에 열려요. 멋진 빙벽을 구경하고 싶다면 겨울 설악산으로 가 보세요.
문의: 033) 639−2144 속초시 관광과

식물들이 겨울을 나요

겨울 숲은 땅이 메마르고 추워서 식물들이 살기 힘들어요. 하지만 저마다 독특한 겨울나기 방법을 가지고 있지요.

어떤 나무는 잎을 떨어뜨린 자리에 겨울눈을 만들어요. 봄에 잎이 되는 눈을 잎눈, 꽃이 되는 눈을 꽃눈이라고 해요. 어떤 나무는 잎눈과 꽃눈으로 나누어 겨울눈을 만들고, 어떤 나무는 잎과 꽃이 함께 들어 있는 눈을 만들지요. 나무는 비늘잎이나 털 또는 끈끈한 즙을 이용해 추위로부터 겨울눈을 보호해요.

침엽수인 소나무, 잣나무는 한겨울에도 잎을 달고 있어요. 잎이 뾰족한 바늘 모양이기 때문에 수분이 날아가지 않아서 추위를 쉽게 견뎌요. 그리고 따뜻한 남쪽 지역에서 자라는 동백나무는 잎을 달고 겨울을 나요. 기온이 높기도 하지만 잎이 두꺼워서 수분이 쉽게 날아가지 않기 때문이에요. 그래서 2월쯤 꽃을 피우기도 하지요.

나무가 아닌 풀들은 어떻게 겨울을 날까요? 씨앗, 잎과 뿌리, 알뿌리, 땅속줄기 등을 이용한답니다. 분꽃이나 나팔꽃 등은 겨울이 되기 전에 씨앗을 만들어 놓아요. 이 씨앗을 이용해서 다음 해 봄에 다시 싹을 틔우고요. 민들레나 냉이, 엉겅퀴 등은 **뿌리잎**과 뿌리로 겨울을

쪽동백나무 겨울눈

갯버들의 겨울눈

신갈나무 겨울눈

겨울눈 해부하기

여러 해를 사는 풀이나 나무는 겨울눈을 만들어 겨울을 보내는 일이 많아요. 동물처럼 겨울잠을 자는 것이지요. 목련이나 개나리는 꽃눈과 잎눈을 따로 만들고, 벚나무는 하나의 눈에 꽃눈과 잎눈을 함께 만드는데, 주로 잎눈은 작고 길쭉하며 꽃눈은 크고 둥글답니다. 잎눈과 꽃눈을 자세히 보면 아주 조그만 잎과 꽃봉오리가 보여요. 우리 함께 겨울눈을 살펴볼까요?

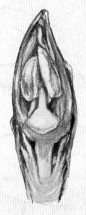

개나리 꽃눈의 단면　　개나리 잎눈의 단면

우아 정말 신기하다. 정말 조그만 잎과 꽃이 보여!

동백나무 꽃

나는데 이것을 로제트라고 해요. 길가를 잘 살펴보면 죽은 듯이 엎드려 있는 민들레 잎을 발견할 수 있을 거예요. 수선화나 튤립은 겨울 동안 줄기, 잎, 꽃은 죽고 알뿌리만 남아 땅속에서 겨울을 나고,

고구마나 연은 땅속줄기로 겨울을 난답니다.

모두들 추위를 견디기에 여념이 없는 때 꽃을 피우는 식물도 있어요. 바로 복수초예요. 2월 초부터 4월 사이에 눈 속에서 꽃을 피워서 봄 눈을 녹이며 피는 꽃이라고 하지요. 또 남쪽 지역에서 자라는 난대수종인 굴거리나무, 돈나무 등은 이 무렵 열매가 열리는데 이 열매는 혹독한 겨울을 보내고 있는 동물들에게 귀중한 양식이 되어 준답니다.

뿌리잎
뿌리에서 직접 나는 잎을 말해요.

난대수종
따뜻한 곳에서 자라는 나무나 풀을 말해요.

양식
살기 위해 필요한 먹을거리를 말해요.

복수초

겨울이 끝날 무렵 눈이 가득 쌓인 곳에서도 꽃을 피우는 복수초는 봄이 가까이 왔음을 알려 주어요.

복수초

초본류의 겨우살이

초본류란 줄기가 연해 나무처럼 딱딱한 부분이 없는 식물을 말해요. 이런 식물들은 겨울을 견뎌내기 위해 몸의 일부분만을 남기는 방법을 쓰지요.

씨앗
많은 초본류는 씨앗을 남기는 방법으로 겨울을 나요. 아무리 날씨가 춥고 건조해져도 씨앗이라면 땅속에서 충분히 겨울을 날 수 있으니까요.

잎과 뿌리
냉이와 민들레 같은 식물은 줄기 자체와 줄기에서 나온 잎은 다 떨구어 버리고, 뿌리에서 직접 나온 뿌리잎과 긴 뿌리만으로 겨울을 나요.

알뿌리
튤립이나 히아신스 같은 식물들은 겨울을 나기 위해 잎이나 줄기, 뿌리의 일부분에 영양분을 저장한 채 비교적 따뜻한 땅속에서 겨울을 나요.

땅속줄기
식물의 줄기가 땅속으로 뻗는 것을 땅속줄기라고 해요. 땅속은 땅 위보다 온도 변화가 적기 때문에 추운 겨울을 지내기에 안성맞춤이지요.

45

동물들이 겨울을 나요

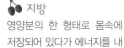

🍒 **체온**
몸의 온도를 말해요.

🍒 **지방**
영양분의 한 형태로 몸속에 저장되어 있다가 에너지를 내는 데 쓰인답니다.

동물들은 춥고 메마른 겨울을 어떻게 지낼까요? **체온**을 혼자 유지할 수 있는지 없는지, 먹이가 많이 필요한지 아닌지, 추위를 견딜 수 있는 수단이 있는지 없는지에 따라 겨울나기 방법은 달라져요.

체온은 유지할 수 있으나 먹이가 많이 필요한 곰은 가을이 되면 평소 몸무게의 2배가 될 정도로 먹이를 먹고 겨울잠을 자요. 그리고 가을에 미리 모아둔 몸의 **지방**을 영양분으로 삼아 지내지요. 토끼는 한 장소에 여러 마리가 함께 모여서 열을 유지하며 지내요. 혼자 있는 것보다는 여럿이 모여 있는 것이 더 따뜻하니까요.

물고기나 개구리는 곰이나 토끼와는 달리 주변의 온도에 따라서 체

꿩
꿩처럼 나무에 앉지 않고 땅 위에서 걸어 다니는 새들은 앞 발가락만 세 개가 찍히지요.

🍃 발자국 조사하기

겨울 숲에서는 우거진 나무와 풀이 없기 때문에 동물의 흔적을 찾아보기 좋아요. 특히 발자국을 보면 동물의 종류나 무게 등을 알 수 있지요. 크고 무거운 동물일수록 깊은 발자국을 남기고, 발바닥 주변에 털이 적은 동물은 발자국이 선명해요. 만약 발자국을 찾았다면 모양과 발자국 사이의 거리를 기록해 어떤 동물인지 확인해 보세요.

너구리
너구리의 발가락은 네 개이지만 중간에 있는 발가락 두 개의 아랫부분이 서로 붙어서 세 개처럼 보입니다. 앞발과 뒷발의 발자국이 거의 함께 찍혀요.

온이 달라져요. 그래서 겨울이 되면 체온이 내려가기 때문에 땅속의 굴이나 물속, 바위 틈새에서 꼼짝 않고 겨울을 보내지요.

반면 몸에 털이 있는 동물들은 추운 겨울에도 자유롭게 움직일 수 있어요. 대신 겨울이 되면 부드럽고 촘촘한 안쪽 털과 두껍고 성긴 바깥쪽 털로 두 겹의 층을 만들지요. 그러면 털과 털 사이에 따뜻한 공기층이 생겨 추위를 막을 수 있답니다.

최근에는 기후 변화 때문에 동물들의 겨울나기 방법도 변했어요. 곰이 겨울잠을 자지 않거나 겨울이 되어도 남쪽으로 가지 않는 새들이 있다고 해요.

보호색으로 몸을 지켜요.

동물들은 적으로부터 몸을 숨기기 위해 여러 가지 방법을 써요. 그중 흔한 것이 바로 보호색인데, 몸색깔을 주변의 환경과 비슷한 색으로 만들어 다른 동물의 눈에 띄지 않게 하는 것이지요.
청개구리처럼 일상 생활에서도 늘상 몸색깔을 바꾸는 동물도 있지만, 계절에 따라 몸색깔을 바꾸는 동물들도 있어요. 겨울에도 활동하는 토끼나 여우, 족제비들이 그러한 동물들이지요. 이런 동물들은 여름에는 흙이나 바위와 비슷한 거무스름한 갈색을 띠고 있다가 겨울이 오면 하얀색으로 털의 색을 바꾸곤 해요.

여기서 잠깐!

누구의 발자국일까요?
아래 그림의 발자국을 보고 어떤 동물의 발자국일지 함께 생각해 보아요.

(   )　(   )

정답은 56쪽에

노루
노루는 두 개의 발굽으로 걷는 동물이기 때문에 휘어진 물방울 모양의 발굽이 두 개씩 이어지는 발자국이 찍히지요.

멧돼지
앞발과 뒷발의 자국이 거의 한 곳에 찍히며 두 개의 발굽과 며느리 발톱이 한꺼번에 찍힌답니다. 발자국이 커서 알아보기가 쉬워요.

겨울 숲에서 새를 찾아봐요

겨울 숲은 다른 계절에 비해 숲에서 만날 수 있는 생물이 많지 않지만 '새'라는 흥미로운 볼거리가 있어요. 잎이나 꽃이 무성한 계절에는 새를 관찰하는 일이 어렵지만 겨울에는 쉽게 새들을 찾을 수 있지요.

새를 관찰하러 갈 때는 녹색이나 갈색의 옷을 입는 것이 좋아요. 새의 시력은 사람보다 훨씬 좋기 때문에 화려한 색깔의 옷은 새들에게 스트레스를 줄 수 있거든요. 준비가 되면 살금살금 숲으로 들어가 주위를 둘러보세요. 가을까지는 무성한 잎들에 가려졌던 새둥지들을 쉽게 발견할 수 있을 거예요. 같은 숲에 사는 새들이라도 저마다 좋아하는 장소가 달라요. 나무 꼭대기를 좋아하는 새도 있고, 가지 끝이나 나무 줄기의 구멍, 혹은 땅 부근을 좋아하는 새도 있지요. 이것은 새들이 정해진 공간에서 서로의 경쟁을 줄이고 어울려 살아가기 위한 방법이랍니다.

박새
참새의 한 종류인 박새는 나무의 높은 곳을 좋아해요. 주변의 공원이나 야산에서 흔히 볼 수 있는 새로 박새를 찾을 땐 나무 꼭대기 쪽을 살펴보세요.

큰오색딱따구리
나무 줄기에 앉아 구멍을 판 뒤 혀를 이용해 벌레를 잡아먹는 큰오색딱따구리는 벌레가 많은 줄기 중간 부분에 주로 앉아 있어요.

동고비
숲이나 공원 등지에서 흔히 볼 수 있는 동고비는 나무의 가느다란 가지를 아주 잘 타지요.

새들의 영역

새들은 저마다 각자의 생활 공간을 정하여 서로 자신의 영역을 지키며 살고 있어요. 어떤 새가 어떤 곳을 좋아하는지 함께 알아보아요.

노랑턱멧새
노랑턱멧새는 냇가의 덤불이나 숲 가장자리의 관목 숲에서 머무르는 것을 좋아해요.

어치
어치는 도토리를 좋아해 도토리가 많은 곳에서 쉽게 볼 수 있어요.

새를 찾을 땐 눈과 귀를 모두 사용해야 해요. 멀리서 숲을 보다가 약간의 움직임이나 소리가 나는 쪽으로 고개를 돌려 보세요. 또 새들은 항상 가벼운 몸을 유지해야 잘 날 수 있기 때문에 조금씩 자주 먹이를 먹어요. 그러므로 좋아하는 먹이가 있는 곳을 찾아보면 새를 발견하기 쉽지요. 그리고 새들은 물을 먹거나 목욕을 하기 위해 물가에 자주 모이니 이런 곳을 주의 깊게 살펴보세요.

🍒 **경쟁**
여러 동물이 같은 환경에서 살기 위해 벌이는 상호 작용을 말해요.

> 아, 나뭇가지에 차례대로 앉아 있는 저 새들 좀 봐! 자기 자리를 잘 지키는구나.

숲에서 볼 수 있는 새

아래의 새들은 우리나라에 많이 사는 텃새들이에요. 겨울 숲을 찾아가 조용히 관찰해 보면 각기 다른 모습의 예쁜 새들을 만날 수 있을 거예요.

곤줄박이
활엽수 숲을 좋아하는 곤줄박이는 겨울이면 나무 열매 등을 먹으며 지내지요.

딱새
꽁지를 위아래로 흔들며 지저귀는 딱새는 겨울이면 먹이를 찾으러 사람이 사는 곳 가까이로 내려와요.

때까치
때까치는 거미나 개구리 등의 먹이를 잡아 나뭇가지에 꽂아 놓는 습성이 있어요.

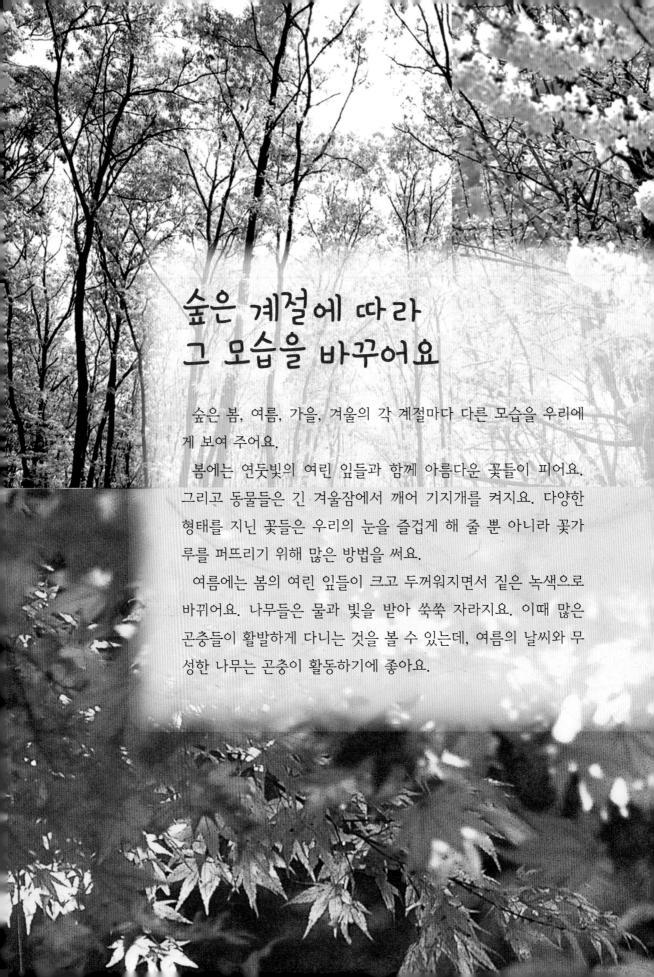

숲은 계절에 따라
그 모습을 바꾸어요

숲은 봄, 여름, 가을, 겨울의 각 계절마다 다른 모습을 우리에게 보여 주어요.

봄에는 연둣빛의 여린 잎들과 함께 아름다운 꽃들이 피어요. 그리고 동물들은 긴 겨울잠에서 깨어 기지개를 켜지요. 다양한 형태를 지닌 꽃들은 우리의 눈을 즐겁게 해 줄 뿐 아니라 꽃가루를 퍼뜨리기 위해 많은 방법을 써요.

여름에는 봄의 여린 잎들이 크고 두꺼워지면서 짙은 녹색으로 바뀌어요. 나무들은 물과 빛을 받아 쑥쑥 자라지요. 이때 많은 곤충들이 활발하게 다니는 것을 볼 수 있는데, 여름의 날씨와 무성한 나무는 곤충이 활동하기에 좋아요.

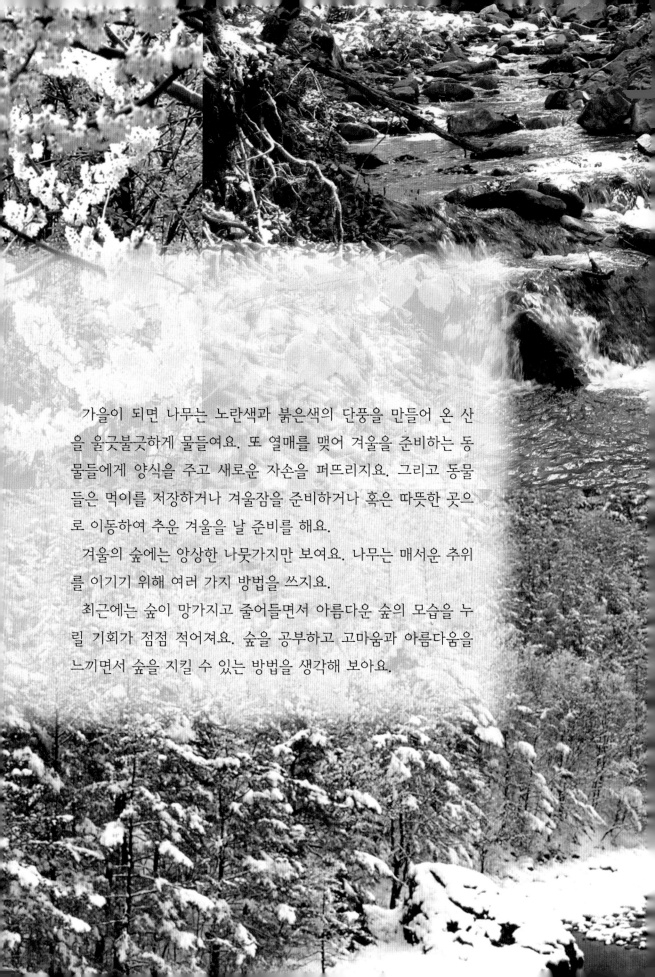

가을이 되면 나무는 노란색과 붉은색의 단풍을 만들어 온 산을 울긋불긋하게 물들여요. 또 열매를 맺어 겨울을 준비하는 동물들에게 양식을 주고 새로운 자손을 퍼뜨리지요. 그리고 동물들은 먹이를 저장하거나 겨울잠을 준비하거나 혹은 따뜻한 곳으로 이동하여 추운 겨울을 날 준비를 해요.

겨울의 숲에는 앙상한 나뭇가지만 보여요. 나무는 매서운 추위를 이기기 위해 여러 가지 방법을 쓰지요.

최근에는 숲이 망가지고 줄어들면서 아름다운 숲의 모습을 누릴 기회가 점점 적어져요. 숲을 공부하고 고마움과 아름다움을 느끼면서 숲을 지킬 수 있는 방법을 생각해 보아요.

나는 숲 박사!

사계절의 숲을 돌아보고 나니 숲에 대해 많은 것을 배울 수 있었어요. 그럼 숲에 대해 얼마나 알고 있는지 문제를 풀면서 확인해 보아요.

1 다음 사진에서 생산자, 소비자, 분해자를 찾아 쓰세요.

①

②

③

(   )   (   )   (   )

2 다음 중 봄의 숲에서 볼 수 없는 모습을 고르세요.

①    ②    ③    ④

3 빈칸에 알맞은 이름을 쓰세요.

| 보기 | 암술, 수술, 꽃잎, 꽃받침, 밑씨, 씨방 |

(   )   (   )

(   )   (   )

(   )   (   )

④ 다음 중 나무의 나이를 알 수 있는 방법이 아닌 것을 고르세요.

나무의 나이를 알기 위해 어떤 방법을 쓰는지 기억해 보세요.

① 나무의 가지와 잎을 세어 보아요.　　② 나이테를 보고 짐작해요.

③ 역사책에 나오는지 자료를 찾아봐요.　　④ 몇 년에 걸쳐 나무의 크기를 비교해요.

⑤ 방사성 원소를 이용한 연대 측정법을 써요.

⑤ 씨앗의 모양과 씨앗이 퍼지는 방법을 바르게 이어 주세요.

씨앗이 멀리 퍼지기 위해 어떤 방법을 쓰는지 기억해 보세요.

⑥ 다음 중 겨울나기를 다르게 하는 동물을 고르세요.

①　　②　　③　　④

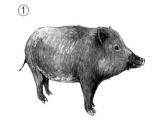　　　

☞ 정답은 56쪽에

봄 숲에서 해 보아요

봄 숲에는 볼 것도 많고 할 것도 많아요. 봄 숲에서 느꼈던 즐거움을 오래 간직하기 위해 나만의 기념품을 만들어 본다면 더욱 좋겠지요. 지금부터 식물 표본 만들기와 손수건에 꽃 물들이기를 따라해 보아요.

식물 표본을 만들어요.

식물은 그냥 두고 보는 것이 가장 좋지만 자세히 보고 연구하기 위해 표본을 만들기도 해요. 우리는 숲에서 관찰한 식물로 표본을 만들어 보아요.

준비물

가위, 지퍼백, 신문지, 무광택 투명 테이프

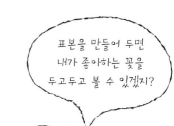

표본을 만들어 두면 내가 좋아하는 꽃을 두고두고 볼 수 있겠지?

표본을 만들어 보아요

❶ 숲에 가서 표본으로 만들 식물을 정한 뒤, 가위를 이용해 잘라 내요.

❷ 너무 많은 양의 식물을 채집하지 말고 반드시 필요한 부분만 잘라 내도록 해요.

❸ 잘라 낸 식물을 지퍼백에 넣고 돌아와 신문지 사이에 식물을 잘 펴 두어요.

❹ 신문지 위에 무거운 책을 3~4일 정도 놓아두어요.

❺ 3~4일 뒤 표본이 잘 말랐는지 확인하고 스케치북에 테이프를 붙여서 고정시켜요.

❻ 빈 곳에 식물 이름, 채집한 곳, 채집한 날짜, 식물의 특징을 간단하게 쓰면 되지요.

1. 전지가위를 이용해서 잘라야 뿌리나 다른 줄기가 다치지 않아요.

2. 신문지 한 장에 한 종류의 식물만 잘 펴서 끼워 놓아요.

3. 무거운 책을 올려놓고 3~4일 정도 두면서 잘 마르고 있는지 확인해요.

4. 잘 마른 식물을 스케치북에 테이프로 붙여 고정해요.

숲의 관찰일지를 써 보아요

숲에 나갈 때마다 간단한 관찰일지를 작성해 보세요. 관찰일지는 단순한 기록같이 보이지만 관찰일지를 모아 놓으면 의미 있는 자료가 되지요. 왜 관찰일지를 쓰느냐에 따라 형식이 달라질 수 있지만 단순하고 쉬운 내용을 담는 것이 좋아요.

곤충을 찾았나요?

월   일   요일   시간   🕐   날씨   ☀️ ☁️ ☁️ ☂️ ⛄

관찰장소(구체적으로) :

조사한 내용

몸은 몇 부분으로 나뉘어 있나요? 다리는 몇 개인가요?

날개를 가지고 있나요? 어떻게 이동하나요?

어디에서 주로 서식하지요? 발견 당시 무엇을 하고 있었나요?

어떤 소리를 내지요?

발견한 곤충을 그리거나 사진을 찍어서 붙여 보세요.

이런 활동지를 모아 놓으면 나만의 '곤충 관찰 도감'을 만들 수 있어요.

나뭇잎을 주웠나요?

월   일   요일   시간   🕐   날씨   ☀️ ☁️ ☁️ ☂️ ⛄

관찰장소(구체적으로) :

조사한 내용

나뭇잎의 모양은 어떤가요? 나뭇잎의 색은 어떤가요?

바싹 말랐나요, 아직 싱싱한가요?

다른 나뭇잎과 달라 보이는 점은 없나요?

발견한 나뭇잎을 그리거나 사진을 찍어서 붙여 보세요.

이런 활동지를 모아 놓으면 나만의 '식물 관찰 도감'을 만들 수 있어요.

정답

여기서
잠깐!

13쪽 ③숲 때문에 길이나 집을 만들 땅이 없어요.

17쪽

빨강,노랑, 연두, 갈색

21쪽 ④노랑

31쪽 ①송이버섯

35쪽

담쟁이덩굴　　붉나무　　생강나무　　피나무

37쪽 도토리

갈참나무　　돌참나무　　상수리나무　　굴참나무

47쪽

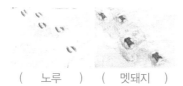

(　노루　)　　(멧돼지)

나는 숲 박사

❶ 다음 사진에서 생산자, 소비자, 분해자를 찾아 쓰세요.

①　　　　　②　　　　　③

(분해자)　　(소비자)　　(생산자)

❷ 다음 중 봄의 숲에서 볼 수 없는 모습을 고르세요.

③모과

①　　　②　　　③　　　④

❸ 빈칸에 알맞은 이름을 쓰세요.

보기 암술, 수술, 꽃잎, 꽃받침, 밑씨, 씨방

(꽃잎)　　　　　　　　　(암술)

(꽃받침)　　　　　　　　　(수술)

(씨방)　　　　　　　　　(밑씨)

❹ 다음 중 나무의 나이를 알 수 있는 방법이
아닌 것을 고르세요.　　　　　　①

나무의 나이를 알기 위해 어떤 방법을 쓰는지 기억해 보세요.

① 나무의 가지와 잎을 세어 보아요.

② 나이테를 보고 짐작해요.

③ 역사책에 나오는지 자료를 찾아봐요.

④ 몇 년에 걸쳐 나무의 크기를 비교해요.

⑤ 방사성 원소를 이용한 연대 측정법을 써요.

❺ 씨앗의 모양과 씨앗이 퍼지는 방법을 바르게
이어 주세요.

씨앗이 멀리 퍼지기 위해 어떤 방법을 쓰는지 기억해 보세요.

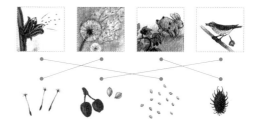

❻ 다음 중 겨울나기를 다르게 하는 동물을 고르세요.

②곰

①　　　　　　　　　②

③　　　　　　　　　④

56

사진

초등학교 교과서와 관련된 학년별 현장 체험학습 추천 장소

1학년 1학기 (21곳)	1학년 2학기 (18곳)	2학년 1학기 (21곳)	2학년 2학기 (25곳)	3학년 1학기 (31곳)	3학년 2학기 (37곳)
철도박물관	농촌 체험	소방서와 경찰서	소방서와 경찰서	경희대자연사박물관	IT월드(과천정보나라)
소방서와 경찰서	광릉	서울대공원 동물원	서울대공원 동물원	광릉수목원	강원도
시민안전체험관	홍릉 산림과학관	농촌 체험	강릉단오제	국립민속박물관	경희대자연사박물관
천마산	소방서와 경찰서	천마산	천마산	국립서울과학관	광릉수목원
서울대공원 동물원	월드컵공원	남산골 한옥마을	월드컵공원	국립중앙박물관	국립경주박물관
농촌 체험	시민안전체험관	한국민속촌	남산골 한옥마을	기상청	국립고궁박물관
코엑스 아쿠아리움	서울대공원 동물원	국립서울과학관	한국민속촌	서대문자연사박물관	국립국악박물관
선유도공원	우포늪	서울숲	농촌 체험	선유도공원	국립부여박물관
양재천	철새	갯벌	서울숲	시장 체험	국립서울과학관
한강	코엑스 아쿠아리움	양재천	양재천	신문박물관	남산
에버랜드	짚풀생활사박물관	동굴	선유도공원	경상북도	남산골 한옥마을
서울숲	국악박물관	고성 공룡박물관	불국사와 석굴암	양재천	롯데월드 민속박물관
갯벌	천문대	코엑스 아쿠아리움	국립중앙박물관	경기도	국립민속박물관
고성 공룡박물관	자연생태박물관	옹기민속박물관	국립민속박물관	이화여대자연사박물관	삼성어린이박물관
서대문자연사박물관	세종문화회관	기상청	전쟁기념관	전쟁기념관	서대문자연사박물관
옹기민속박물관	예술의 전당	시장 체험	판소리	천마산	선유도공원
어린이 교통공원	어린이대공원	에버랜드	DMZ	한강	소방서와 경찰서
어린이 도서관	서울놀이마당	경복궁	시장 체험	화폐금융박물관	시민안전체험관
서울대공원		강릉단오제	광릉	호림박물관	경상북도
남산자연공원		몽촌역사관	홍릉 산림과학관	홍릉 산림과학관	월드컵공원
삼성어린이박물관		국립현대미술관	국립현충원	우포늪	육군사관학교
			국립4·19묘지	소나무 극장	해군사관학교
			지구촌민속박물관	예지원	공군사관학교
			우정박물관	자운서원	철도박물관
			한국통신박물관	서울타워	이화여대자연사박물관
				국립중앙과학관	제주도
				엑스포과학공원	천마산
				올림픽공원	천문대
				전라남도	태백석탄박물관
				경상남도	판소리박물관
				허준박물관	한국민속촌
					임진각
					오두산 통일전망대
					한국천문연구원
					종이미술박물관
					짚풀생활사박물관
					토탈야외미술관

4학년 1학기 (34곳)	4학년 2학기 (56곳)	5학년 1학기 (35곳)	5학년 2학기 (51곳)	6학년 1학기 (36곳)	6학년 2학기 (39곳)
강화도	IT월드(과천정보나라)	갯벌	IT월드(과천정보나라)	경기도박물관	IT월드(과천정보나라)
갯벌	강화도	광릉수목원	강원도	경복궁	KBS 방송국
경희대자연사박물관	경기도박물관	국립민속박물관	경기도박물관	덕수궁과 정동	경기도박물관
광릉수목원	경복궁 / 경상북도	국립중앙박물관	경복궁	경상북도	경복궁
국립서울과학관	경주역사유적지구	기상청	덕수궁과 정동	고성 공룡박물관	경희대자연사박물관
기상청	경희대자연사박물관	남산골 한옥마을	경상북도	국립민속박물관	광릉수목원
농촌 체험	고창, 화순, 강화 고인돌유적	농업박물관	경희대자연사박물관	국립서울과학관	국립민속박물관
서대문자연사박물관	전라북도	농촌 체험	고인쇄박물관	국립중앙박물관	국립중앙박물관
서대문형무소역사관	고성 공룡박물관	서울국립과학관	충청도	농업박물관	국회의사당
서울역사박물관	충청도	서울대공원 동물원	광릉수목원	롯데월드 민속박물관	기상청
소방서와 경찰서	국립경주박물관	서울숲	국립공주박물관	몽촌토성과 풍납토성	남산
수원화성	국립민속박물관	서울시청	국립경주박물관	민주화현장	남산골 한옥마을
시장 체험	국립부여박물관	서울역사박물관	국립고궁박물관	백범기념관	대법원
경상북도	국립서울과학관	시민안전체험관	국립민속박물관	서대문자연사박물관	대학로
양재천	국립중앙박물관	경상북도	국립서울과학관	서대문형무소 역사관	민주화 현장
옹기민속박물관	국립국악박물관 / 남산	양재천	국립중앙박물관	서울역사박물관	백범기념관
월드컵공원	남산골 한옥마을	강원도	남산골 한옥마을	조선의 왕릉	아인스월드
철도박물관	농업박물관 / 대법원	월드컵공원	농업박물관	성균관	서대문자연사박물관
이화여대자연사박물관	대학로	유명산	롯데월드 민속박물관	시민안전체험관	국립서울과학관
천마산	롯데월드 민속박물관	제주도	충청도	경상북도	서울숲
천문대	몽촌토성과 풍납토성	짚풀생활사박물관	서대문자연사박물관	암사동 선사주거지	신문박물관
철새	불국사와 석굴암	천마산	성균관	운현궁과 인사동	양재천
홍릉 산림과학관	서대문자연사박물관	한강	세종대왕기념관	전쟁기념관	월드컵공원
화폐금융박물관	서울대공원 동물원	한국민속촌	수원화성	천문대	육군사관학교
선유도공원	서울숲	호림박물관	시민안전체험관	철새	이화여대자연사박물관
독립공원	서울역사박물관	홍릉 산림과학관	시장 체험 / 신문박물관	청계천	중남미박물관
탑골공원	조선의 왕릉	하회마을	경기도	짚풀생활사박물관	짚풀생활사박물관
신문박물관	세종대왕기념관	대법원	강원도	태백석탄박물관	창덕궁
서울시의회	수원화성	김치박물관	경상북도	해인사 고려대장경과 장경판전	천문대
선거관리위원회	승정원 일기 / 양재천	난지하수처리사업소	옹기민속박물관	호림박물관	우포늪
소양댐	옹기민속박물관	농촌, 어촌, 산촌 마을	운현궁과 인사동	유니세프 한국위원회	판소리박물관
서남하수처리사업소	월드컵공원	들꽃수목원	육군사관학교	무령왕릉	한강
중랑구재활용센터	육군사관학교	정보나라	이화여대자연사박물관	현충사	홍릉 산림과학관
중랑하수처리사업소	철도박물관	드림랜드	전라북도	덕포진교육박물관	화폐금융박물관
	이화여대자연사박물관	국립극장	전쟁박물관	서울대학교 의학박물관	훈민정음
	조선왕조실록 / 종묘		창경궁 / 천마산	상수허브랜드	상수도연구소
	종묘제례		천문대		한국자원공사
	창경궁 / 창덕궁		태백석탄박물관		동대문소방서
	천문대 / 청계천		한강		중앙119구조대
	태백석탄박물관		한국민속촌		
	판소리 / 한강		해인사 고려대장경과 장경판전		
	한국민속촌		화폐금융박물관		
	해인사 고려대장경과 장경판전		중남미문화원		
	호림박물관		첨성대		
	화폐금융박물관		절두산순교성지		
	훈민정음		천도교 중앙대교당		
	온양민속박물관		한국에너지기술연구원		
	아인스월드		한국지수박물관		
			초전섬유퀼트박물관		

숙제를 돕는 사진

봄 숲

노랑제비꽃

구슬붕이

여름 숲

가을 숲

회양목 꽃